Sai

Alexander R. Thiel

Lebenslust und Lebenskraft

Sai Cholleti

Alexander R. Thiel

Lebenslust und Lebenskraft

Die sieben Stufen zu Vitalität und
seelischem Gleichgewicht

© KOHA-Verlag GmbH Burgrain
1. Auflage Juli 2012
Lektorat: Maryam Beck

Umschlagfoto: © shutterstock
Zeichnungen: Stefan Stutz
Gesamtherstellung: Karin Schnellbach
Druck: CPI, Moravia
ISBN 978-3-86728-200-0

Inhaltsverzeichnis

*Dieses Buch widmen wir allen nach Wissen
und Erkenntnis strebenden Menschen,
die den Willen haben,
das Beste aus ihrem Leben zu machen.
Wir wünschen Ihnen Glück, Einsicht, Fülle
und ein authentisches, selbstbestimmtes Leben.*

Aus dem Vollen schöpfen

So weit wir die Spuren unserer Zivilisation zurückver-
folgen können, finden wir Menschen, denen andere ein
besonderes Maß an Vertrauen entgegenbringen. Menschen,
die durch ihre Kraft und Energie andere begeistern, um
sich versammeln und motivieren können. Menschen, die
anscheinend etwas an sich haben, das sie für andere faszi-
nierend, vertrauenswürdig und anziehend macht und das
sie als Führungspersönlichkeiten qualifiziert. Menschen,
denen andere automatisch zuhören, sobald sie reden; Menschen, auf die jeder neugierig ist und zu denen alle Kontakt
suchen; Menschen, von denen andere wie selbstverständlich
Vorschläge und Weisungen entgegennehmen.
Bestimmt erinnern Sie sich an eine Situation in Ihrem
Leben, in der Sie sich plötzlich in einer Gruppe von Menschen befanden, die sich gegenseitig nicht kannten, beispielsweise in einem neu zusammengestellten Team in
Ihrer Firma oder in einer Gesellschaft, zu der Sie eingeladen wurden. In solchen Situationen erleben wir immer
wieder, dass einige wenige die Blicke auf sich ziehen, in
kürzester Zeit Kontakt zu den anderen Anwesenden finden
und ohne ersichtlichen Grund zum Zentrum dieses Mikrokosmos werden. Sicher ist jeder von Ihnen schon einmal
einem solchen Menschen begegnet und hat sich gefragt,
warum dieser Person anscheinend alles zufällt: Erfolg,
Wohlstand, Aufmerksamkeit, Freundschaft und oftmals
sogar ein harmonisches Familienleben. Zwar zeichnen

sich die meisten Menschen, die bekommen, was sie wollen, durch harte Arbeit und Engagement aus, dennoch besitzen sie anscheinend eine Art Gabe und gestalten mit Hilfe magischer Kräfte die Welt nach ihrem Gutdünken und zu ihren Gunsten. Dieser Eindruck rührt meist daher, dass diese Menschen von einer Aura der Kraft umgeben sind, die für jeden sofort spürbar, aber scheinbar unerklärlich ist. Dieses Buch zeigt auf, dass solche Menschen tatsächlich auf Energiereserven zurückgreifen, die den meisten von uns verborgen sind, und dass sie diese Energien zielgerichtet nach ihrem Willen einsetzen. Darüber hinaus ist dieses Buch aber nicht nur als informative Lektüre gedacht, sondern auch als Handlungsleitfaden und Praxisbuch. Sie werden staunend entdecken, welches gewaltige Potenzial an ungenutzten Energiereserven auch Ihnen zur Verfügung steht, und Schritt für Schritt erkennen, welch vielfältige Möglichkeiten Ihnen in Ihrem Leben zur Verfügung stehen und dass Sie sich oft nur selbst dabei im Weg stehen, Ihre Ziele, Visionen und Träume Wirklichkeit werden zu lassen. In diesem Buch wird von Ihnen eine ganze Menge verlangt werden; allerdings nichts, das nicht jeder von Ihnen meistern kann. Sie werden erfahren, wie Sie auf insgesamt sieben Ebenen Kraftkreisläufe in Gang setzen und diese so ausrichten können, dass Sie Ihre Ziele und Wünsche verwirklichen können. Der schwierigste Part wird dabei in jedem Kapitel von Neuem die selbstkritische und hoffentlich ehrliche Auseinandersetzung mit Ihrer eigenen Person sein. All die hilfreichen Übungen und Experimente in diesem Buch führen zu keinem Ergebnis und sind letztendlich zwecklos, wenn Sie sich nicht vorher mit sich selbst auseinandersetzen, um sich zunächst eingehend über Ihre Werte und Ziele klar zu werden. *Erst wenn wir uns selbst kennen, wenn wir wissen, wer wir sind und was wir wollen, können wir unsere großartigen Fähigkeiten, die jeder von uns besitzt, auch kraftvoll und befriedigend nutzen.* Dieser Hinweis wird Ihnen nach kurzem Nachdenken unmittelbar einleuchten: Je weniger Sie das, was Sie tun, wirklich anstreben, und je weniger die Person, die Sie in Ihrem alltäglichen Leben verkörpern, mit dem übereinstimmt, was Sie in Ihrem Innersten sind, desto schwerer fällt es Ihnen, Begeisterung zu entwickeln. Ebenso unmöglich wird es für Sie, sich als Mensch weiterzuentwickeln, denn zuerst müssen Sie den Weg zu sich selbst (zurück)finden.

Dieses Buch wird Ihnen im ersten Schritt den Weg zur Selbsterkenntnis aufzeigen und Ihnen im zweiten Schritt die nötige Unterstützung zur Selbstverwirklichung geben, allerdings ist Ihre Bereitschaft zur aktiven Mitwirkung unbedingte Voraussetzung dazu. Viele Menschen haben Angst, diesen mühsamen Weg zu beschreiten, denn er zwingt sie, das gewohnte und vertraute Leben aufzugeben, in dem sie sich zwar vielleicht nicht glücklich, aber doch zumindest sicher fühlen. Daher sollten Sie sich als Erstes ehrlich fragen: Sind Sie dazu bereit? *Sind Sie bereit, sich und Ihr bisheriges Leben in Frage zu stellen und etwas Neues auszuprobieren?* Überwiegt bei der Antwort auf diese Frage eher Ihre Vorfreude auf das Neue oder Ihre Furcht vor dem Unbekannten?

Lassen Sie uns ein kleines Gedankenexperiment machen, um dies zu überprüfen. Stellen Sie sich vor, ein Freund eröffnet Ihnen bei einem Treffen ein überraschendes Geschäftsangebot: Er hat eine Plantage in Brasilien geerbt, hat selbst allerdings aufgrund anderer Verpflichtungen keine Möglichkeit, sich darum zu kümmern. Daher bittet er Sie, zu einer angemessenen Beteiligung, die Verwaltung zu übernehmen. Stellen Sie sich diese Situation in aller Ruhe bildlich vor. Schließen Sie für einen Moment die Augen und malen Sie sich die Szene dieses Angebots mit all Ihren Sinnen aus. Hören Sie die Stimme des Freundes, sehen Sie in seine Augen und spüren Sie in sich hinein, welche Gefühle und Gedanken bei Ihnen auftauchen.

Zuerst ist es vielleicht Begeisterung über ein neues Leben zwischen Hängematte und Kaffeesträuchern, dann aber doch die Furcht, das eingespielte Leben in der Heimat aufzugeben, den sicheren Job zu kündigen, die mühevoll eingerichtete Wohnung zu verlassen und die vertrauten Freunde und Bekannten zu verlieren. Letztendlich werden Sie vielleicht zu dem Schluss kommen, das Angebot besser abzulehnen, und sicher werden Sie dafür eine ausreichend plausible Begründung parat haben.
Als Nächstes denken Sie an Ihre letzte Woche zurück: Welche Handlungsoptionen waren Ihnen da geboten, und welche »plausiblen« Begründungen und Rechtfertigungen haben Sie gefunden, um diese aufzuschieben oder zu umgehen?

Es gibt immer gute Gründe, sich nicht in Gefahr zu begeben, nicht aus dem vertrauten Lebenskreis auszubrechen. Und sicher ist das manchmal auch die richtige Entscheidung, lieber abzuwarten, statt überstürzt und unüberlegt zu handeln. Trotzdem sollten Sie sich einmal bewusst machen, was es für Ihr Leben bedeutet, wenn Sie stets das Risiko und das Unbekannte meiden. Höchstwahrscheinlich werden Sie nämlich später einmal mit Wehmut und Bedauern auf diese ungenutzten Möglichkeiten zurückblicken.

Um Ihnen das mit einem Bild zu verdeutlichen, möchten wir auf den altgriechischen Philosophen Platon und sein Höhlengleichnis eingehen. Darin beschreibt Platon Menschen im Inneren einer Höhle, die dort auf eine Art und Weise festgebunden sind, dass sie als Einziges die innere Höhlenwand vor sich sehen können. Hinter ihnen leuchtet das Licht eines Feuers, das Schatten wirft von der tatsächlichen Welt außerhalb der Höhle. Einem der Menschen gelingt es, sich zu befreien und aus der Höhle hinauszutreten. Staunend betrachtet er die weite Wirklichkeit vor der Höhle. Er kehrt wieder zu den anderen zurück und berichtet ihnen, alles, was sie sehen, seien bloß Schatten und die wirkliche Welt sei draußen. Die meisten Menschen schenken ihm allerdings kein Gehör, denn sie können nicht glauben, dass sie selbst Gefangene sind und ihr Leben lang nichts als ein Schattenspiel beobachtet haben.

Vielen heutigen Menschen geht es ähnlich: Sie sind in Wahrheit zu einem bedeutenden Teil fremdbestimmt durch ihre Umwelt – durch ihre Erziehung, Traditionen, Gewohnheiten, Vorurteile und gesellschaftliche Normen oder durch andere Menschen, denen sie einen Teil der Verantwortung für ihr Leben übertragen haben. Wie die Menschen in Platons Gleichnis sind sie so sehr an diese Zustände gewöhnt, dass sie ihre Fesseln gar nicht mehr bemerken. Häufig sträuben sich Menschen gegen eigenes Handeln und Aktivwerden, indem sie Ausreden finden (»Ich muss doch auch an meine

Familie denken«), die Schuld bei anderen suchen (»Meine Frau hat mich nicht gelassen«) oder aber ihre wahren Bedürfnisse kompensieren (»Ich kann die Welt doch auch in Büchern und im Fernsehen kennen lernen«). Das aber führt letztendlich zu einer Verleugnung ihrer selbst, zu einem unerfüllten Leben und einem Gefühl der Leere und Unzufriedenheit.

Sind Sie bereit, Ihre Höhle zu verlassen und ein selbstbestimmtes und wahrhaftiges Leben zu führen? Falls ja, werden Sie an vielen Stellen zuerst bereit sein müssen, Ihre unsichtbaren Fesseln zu erkennen und abzuwerfen. Den meisten fällt es nicht leicht, zuzugeben, dass sie jahrelang Fesseln von Ansichten, Zielen und Bewertungen getragen haben, die andere ihnen anlegten. Mit den Übungen in diesem Buch – gewissenhaft und diszipliniert ausgeübt – werden Sie mit der Zeit so viel Energie entwickeln, dass Ihnen Ihre Fesseln ganz von selbst zu eng werden. Sie werden allerdings nicht sofort ins Freie treten können, wie der Mann in Platons Gleichnis, sondern sich über sieben Stockwerke aus Ihrer Höhle ans Licht arbeiten müssen, und auf jeder der sieben Stufen gilt es, jeweils andere Fesseln abzulegen.

Auch wenn Sie jetzt noch Ihr Leben als eng empfinden und weder links noch rechts, weder vor noch hinter Ihnen neue Möglichkeiten und Freiheiten sehen, so werden Sie nach diesen Veränderungen einen wunderschönen und freien Rundblick genießen und in vielen Richtungen Möglichkeiten für sich erkennen. Auch wenn Sie jetzt noch denken, Ihr Leben sei abhängig von anderen und von äußeren Umständen, so werden Sie schon bald entdecken, welch große Gestaltungsmacht in Ihnen schlummert. Auch wenn Sie sich jetzt noch oft beklagen über Dinge, die fehlgeschlagen sind, und über die Art und Weise, wie andere sich Ihnen gegenüber verhalten haben, so werden Sie bald kompromisslos »Ja« sagen zum Leben. Und Sie werden aus jeder Schwierigkeit, die es Ihnen beschert, besser herauskommen, als Sie hineingeraten sind, und durch ihre neu entfachte Lebenskraft und Selbstsicherheit andere mit all ihren Schwächen und Fehlern respektieren lernen und für sie ein Pol der Kraft, Zuversicht, Stärke und Großzügigkeit sein.

Bevor Sie sich entschließen, weiterzulesen, halten Sie bitte einen Moment inne und machen Sie sich die Tragweite Ihrer Entscheidung bewusst. Wenn Sie einmal den Schritt wagen, sich ernsthaft und ehrlich mit dem Sinn Ihres Lebens auseinanderzusetzen, gibt es keinen Weg mehr zurück. Ihre alten Gewohnheiten werden Ihnen danach nicht mehr dieselbe Befriedigung bieten. Solange Sie sich über Ihre eigentlichen Ziele noch nicht im Klaren waren, mochte es vielleicht einfach und auch befriedigend gewesen sein, ein Leben innerhalb des vertrauten Rahmens zu führen, Abenteuer nur aus zweiter Hand durch Fernsehen und Lektüre zu erleben oder stets anderen die Verantwortung und Entscheidung zu überlassen. Sobald Sie aber ein Ziel vor Augen haben, das Ihrem Innersten entspricht, werden Sie keine Ruhe finden, bevor Sie es nicht erreicht haben. Wer die Höhle einmal verlassen und die Wirklichkeit erlebt hat, wird nie mehr ins Dunkel zurückkehren wollen. Allerdings wird sich mit Erreichen des Zieles dann auch echtes, unerschütterliches Glück einstellen, das so viele Menschen ihr gesamtes Leben lang vermissen.

Aber bitte beachten Sie: Sie sollten die Zeit zur Bearbeitung dieses Buches möglichst frei von äußerer Störung und Ablenkung halten und sich in einer angenehmen, ruhigen Atmosphäre und Umgebung befinden.

Wenn Sie erst einmal wissen, was Sie wollen, sich selbst kennen und in Ihrer Mitte stehen, werden Sie daraus ein solches Maß an Lebenskraft, Begeisterung und Leidenschaft ziehen, dass Sie beinahe mühelos erreichen werden, worum sich andere jahrelang bemühen. Sind Sie bereit, zu wachsen und dabei auch die Gefahr von Rückschlägen und den Verlust von Vertrautem in Kauf zu nehmen? Sagen Sie zu sich selbst laut, bestimmt und voller Begeisterung: »Ich bin bereit.« Lesen Sie weiter und beginnen Sie mit Tag Eins in Ihrem neuen Leben.

Die sieben Kraftkreisläufe des Menschen

Was ist gemeint mit dem Begriff »Kraftkreisläufe«? Die Kraftkreisläufe sind ein Bild, das die Mechanismen veranschaulichen soll, die uns zeigen, ob unsere Batterien voll aufgeladen sind oder leer und wir träge und ausgebrannt durchs Leben gehen. Unser täglicher Energiepegel hängt von vielen Kleinigkeiten ab, die allerdings miteinander in Zusammenhang stehen. Ein einfaches Beispiel: Sowohl tägliche körperliche Betätigung als auch gesunder, natürlicher Schlaf helfen, unseren Akku aufzuladen. Je mehr und je regelmäßiger wir Sport treiben, desto leichter fällt es uns, Ruhe zu finden. Andererseits ist natürlich die Gefahr, sich die Nächte um die Ohren zu schlagen, auch umso größer, je weniger wir uns betätigen. All die Kleinigkeiten, die uns helfen, unseren Akku aufzuladen, stehen also in einem direkten positiven Zusammenhang und bilden Kreisläufe.

Die sieben Kraftkreisläufe bilden also eine Art Funktionsplan von Körper und Psyche, der uns hilft, Probleme ganzheitlich statt isoliert wahrzunehmen. Mit seiner Hilfe können wir an den richtigen Stellen ansetzen und mit minimalem Aufwand maximale Ergebnisse erzielen.

1. Die physische Basis

Kein Haus ohne Fundament

Jedes noch so kunstvolle Gebäude braucht ein stabiles Fundament, und jeder noch so moderne Wolkenkratzer mit vielen architektonischen Besonderheiten fußt auf einer schlichten, aus Beton gegossenen Basis. In gleicher Weise benötigt jeder Mensch die Basis seines Körpers zum Ausdruck und zur Umsetzung all seiner Fähigkeiten. Wir werden uns im Weiteren noch ausführlich mit unseren Emotionen und unserem Verstand beschäftigen, und wir werden Techniken und Übungen lernen, um diese sinnvoll zu beherrschen. Wollen wir nämlich höhere Ziele anstreben und als Voraussetzung dazu solche Eigenschaften wie Achtsamkeit, Empathie und Selbstdisziplin in uns entwickeln, so benötigen wir ein starkes Fundament, einen Kraftpool an Vitalität, der auf physischer Ebene angelegt werden muss.

Die meisten von uns widmen ihrem Körper leider nicht allzu viel ernsthafte Aufmerksamkeit, sondern beschäftigen sich entweder mit Äußerlichkeiten oder werden erst hellhörig, wenn es ihnen nicht mehr gut geht. Stattdessen sollten wir stets darauf achten, Krankheit und Erschöpfung zu vermeiden und aufmerksam und pfleglich mit unserem Körper umzugehen. Unser Körper mit all seinen einzelnen Funktionen ist ein Wunder der Schöpfung. Doch während wir beispielsweise die Wunderwerke der Architektur – von Menschenhand geschaffene Paläste, Dome oder Kirchen – mit Andacht betreten und viel Aufwand um ihre Erhaltung treiben, vernachlässigen wir oft sträflich unseren Körper, das Fundament für all unsere Talente und Fähigkeiten, bis er selbst uns eines Besseren belehrt.

Wie steht es um Ihr körperliches Befinden und Leistungsvermögen? Prüfen Sie sich doch einmal selbst: Wie fühlen Sie sich am Morgen? Erwachen Sie voller Tatendrang und können Sie Ihre Pläne und Vorstellungen in die Tat umsetzen, oder bedeutet es für Sie jedes Mal einen Akt der Selbstüberwindung, aufzustehen? Brauchen Sie den ganzen Vormittag, um richtig wach zu werden? Haben Sie das Gefühl, dass die Aufgaben des Tages Sie übermäßig viel Kraft kosten, dass Ihr Energiekonto sich immer mehr zum Soll hinbewegt? Wie geht es Ihnen am Abend nach getaner Arbeit? Steht Ihnen noch genügend Energie zur Verfügung, um Ihren Feierabend aktiv zu genießen, oder schaffen Sie es gerade noch in den Fernsehsessel, wo Sie frühzeitig einschlafen? Solche Missstände sind weder einer guten Partnerschaft noch dem Bedürfnis nach einem ausgefüllten Leben dienlich. Unser Körper ist normalerweise in der Lage, uns Energie für höchste Leistungen zur Verfügung zu stellen, wenn wir nur bewusster mit ihm umgehen.

In diesem ersten Kapitel geht es um die körperliche Aktivität des Menschen, um die Mobilisierung seiner physischen Kräfte. Dazu müssen wir unseren Körper stabilisieren und stärken, denn er ist die Basis unseres Lebens. Ohne ihn ist keine Entwicklung möglich, ganz gleich, auf welcher Ebene.

Den Körper zum Kraftwerk machen

DIE ENERGIEKILLER

Es gibt vier große Kraftdiebe, die Ihren Körper verunreinigen, ihm Energie entziehen und es somit erschweren, ihn wieder aufzuladen. Stellen Sie sich vor, wie die befallenen Teile Ihres Körpers in graue Wolken wie von Smog eingehüllt sind, wie Ihr durch Verschmutzung und Verklebung beeinträchtigter Körper Sie in Ihrer Entfaltung behindert und Ihrer Kraft beraubt:
Diese vier Kraftdiebe sind:

1. Nikotin
2. Alkohol
3. Drogen
4. energetisch ungünstige Nahrung wie Schweinefleisch und Aal sowie alle Fische ohne Schuppen

NIKOTIN

Was das Rauchen betrifft, sollten Sie radikal und ehrlich mit sich umgehen und ab heute, zumindest aber im Laufe dieses Buches das Rauchen völlig einstellen und von dieser Zeit an in Ihrem ganzen Leben keine Zigarette mehr anrühren. Das Rauchen schwächt Sie stark und nachhaltig. Sie mögen zwar einwenden, dass es sehr wohl erfolgreiche Geschäftsleute und Künstler gibt, die trotz starkem Tabakkonsum kreativ, voller Tatendrang und sehr erfolgreich sind. Aus unserer Erfahrung können wir Ihnen aber versichern, dass diese Menschen, von wenigen Ausnahmen abgesehen, ihren körperlichen Energieverlust durch das Rauchen mit extremer sportlicher Betätigung oder anderem kompensieren müssen und meist dennoch an ihrem Limit operieren, so dass sie oftmals in anderen Lebensbereichen vollständig versagen oder kraftlos sind.

Wenn Sie selbst Raucher sind, bietet das Programm dieses Buches eine erstklassige Möglichkeit, auszusteigen, denn im Laufe der Lektüre wird Ihre Lebensenergie und dadurch auch Ihre Willenskraft gestärkt, und selbstzerstörerische Verhaltensmuster wie Nikotinsucht werden abgebaut. Stürzen Sie sich mit aller Hingabe und Disziplin, die Sie aufbringen können, in dieses Programm, und die Lust auf eine Zigarette wird nach und nach wie von allein verschwinden. Wichtig ist nur, dass Sie jetzt den festen Entschluss fassen, mit dem Rauchen aufzuhören, und zwar in dem Bewusstsein, dass Ihnen als Nichtraucher viel mehr Energie zur Verfügung stehen wird und Sie dann Ihre Ziele leichter und schneller erreichen können. Imaginieren Sie sich selbst als Nichtraucher und malen Sie sich dieses Bild im Geiste immer wieder und immer detaillierter aus. Vergegenwärtigen Sie sich, um wie viel attraktiver, gesünder und tatkräftiger Sie dann sein werden. Stellen Sie sich als Nichtraucher als einen besseren und erfolgreicheren Menschen vor. Wenn Sie sich dieses Bild für die nächsten Wochen bewusst vor Augen halten und damit ständig das Idealbild verbinden, wie angenehm und positiv es sich auswirken wird, rauchfrei zu sein, so ist es gut möglich, dass die Sucht nach dieser Zeit wie von allein verschwunden sein wird.[*]

ALKOHOL UND DROGEN

Alkohol und Drogen dienen vielfach als Stimmungsma-

[*] Zur Behandlung des Rauchens und zur Befreiung von Suchtgedanken durch moderne Energiemanagement- und Energieheilungsmethoden siehe Anhang

cher, als vermeintliche Tröster in der Not oder zur Stärkung des Selbstbewusstseins. Insbesondere Alkohol wird gerade beim geselligen Beisammensein oft im Übermaß genossen und verharmlost.

Das Wissen um die schädliche Wirkung des Alkohols möchten wir hier voraussetzen. Reduzieren Sie daher den Genuss alkoholischer Getränke auf ein Mindestmaß. Es gibt keine Situationen, die das Anbieten von Alkohol unbedingt erfordern oder wo das Ablehnen solcher Getränke nicht möglich ist.

Gegen gelegentlichen, genussvollen Alkoholkonsum ist nichts einzuwenden. Regelmäßiges Trinken sollten Sie allerdings ebenso vermeiden wie punktuellen übertriebenen Konsum. Aus häufigem wird nicht selten regelmäßiger Gebrauch, und dann entwickelt sich leicht – ohne dass man es sich zunächst eingesteht – eine Abhängigkeit.

Alkohol benebelt bekanntermaßen die Sinne, trägt zu einem Verkennen der tatsächlichen Situation bei und hemmt die körperliche Motorik und Koordination. Nach längerem Gebrauch stellen sich körperliche Defekte und Denkstörungen ein, die meist nicht mehr vollständig reversibel sind.

Auch schon kleine Mengen Alkohol hemmen die Energieaufnahme, -verteilung und -bereitstellung, das heißt die allgemeine Leitfähigkeit, und blockieren so den Energiefluss auf verschiedenen Ebenen des menschlichen Körpers.

Wenn es Ihnen schwer fällt, Ihren Alkoholkonsum einzuschränken, weil bereits eine Abhängigkeit eingetreten ist, gilt dasselbe, was bereits über die Nikotinsucht gesagt wurde. Wenn Sie die in diesem Buch vorgestellten Hinweise und Übungen mit Disziplin befolgen, werden Sie

Ihre Abhängigkeit in kürzester Zeit überwinden und ersparen sich damit Besuche bei Selbsthilfegruppen sowie teure Beratungsprogramme.

NAHRUNG – REINIGUNG UND ENERGETISIERUNG FÜR IHREN KÖRPER

Nahrung versorgt uns mit Energie für körperliche und mentale Leistung. Wie effektiv die Energiezufuhr durch unsere Nahrung funktioniert und wie vital wir uns folglich jeden Tag fühlen, hängt allerdings wesentlich von dem WAS, WANN und WIE der Nahrungsaufnahme ab.

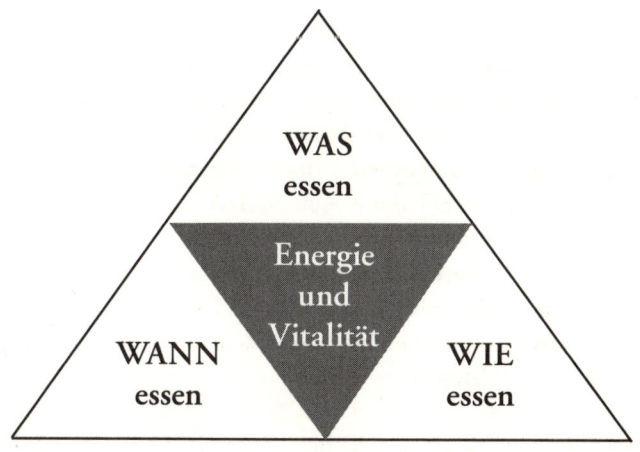

Das WAS oder Intelligentes Essen
Unsere Essgewohnheiten sind seit jeher geprägt durch unsere Umwelt und unsere Lebensbedingungen. Vom Jäger und Sammler zum Ackerbauern und Viehzüchter lebte der

Mensch von dem, was er seiner natürlichen Umwelt – oft mit viel Mühe – abringen konnte. Hieraus entwickelten sich in verschiedenen Erdteilen und Ländern unterschiedliche Essgewohnheiten und eine jeweils regionaltypische Küche. Die längste Zeit ihrer Entwicklungsgeschichte aßen die Menschen das, was – im wahrsten Sinne des Wortes – vor ihrer Haustür wuchs und gedieh. Man kann sich leicht vorstellen, dass diese jahrtausendelange Prägung auch an unseren Genen nicht spurlos vorübergegangen ist. Daher betonen manche Ernährungstheorien, dass unserem Körper insbesondere jene Lebensmittel gut bekommen, die dort wachsen, wo wir leben und auch unsere Vorfahren schon gelebt haben. Obwohl wir in unserer heutigen Wohlstandsgesellschaft Zugang zu Lebensmitteln aus der ganzen Welt haben und uns das ganze Jahr über eine unglaubliche Vielfalt zur Auswahl steht, sollten wir diesen Aspekt im Hinterkopf behalten. Dennoch wollen wir natürlich – wie bei allem – keine fanatische Einstellung propagieren, sondern nur Denkanstöße geben. Über einen längeren Zeitraum hinweg, wenn Sie ganz unvoreingenommen in Ihren Körper hineinhorchen, können Sie für sich feststellen, ob diese These für Ihre Ernährung hilfreich und stimmig ist.

Auf der anderen Seite wollen wir natürlich auch nicht behaupten, die traditionelle heimische Küche sei die einzig wahre, im Gegenteil: Viele aus der Tradition entstandene Essgewohnheiten sind heute überholt oder völlig überflüssig geworden. Beispielsweise war für unsere körperlich hart arbeitenden bäuerlichen Vorfahren schweres, fett- und eiweißreiches Essen notwendig oder zumindest nicht schädlich, für heutige Menschen allerdings, die überwiegend geistige Arbeit am Schreibtisch sitzend verrichten, ist eine völlig andere Art von Ernährung erforderlich.

Aus unserer Sicht sind bei der Frage, WAS Sie essen sollten, um Ihrem Körper möglichst schonend und effizient die benötigte Energie zuzuführen, zwei Dinge entscheidend: Erstens, welche Nahrungsmittel sind generell aus energetischer Sicht empfehlenswert, und zweitens, welche *Kombinationen* dieser Nahrungsmittel wirken sich günstig bzw. ungünstig aus. Beginnen wir mit der Betrachtung einzelner Nahrungsmittel und wie unser Magen damit umgeht.

Fleisch

Nach landläufiger Auffassung ist Fleisch der beste Eiweißlieferant für den Menschen. Diesem Glauben kann heutzutage getrost widersprochen werden. Tierisches Eiweiß, wie es Fleisch liefert, ist für unseren Körper erst nach einer aufwändigen Bearbeitung und Aufspaltung in einzelne Aminosäuren verwertbar. Darüber hinaus sind die meisten Aminosäuren des tierischen Eiweißes für den Menschen nicht essentiell, sondern können vom Körper selbst produziert werden. Die acht Aminosäuren, die wir unserem Körper tatsächlich durch Eiweißaufnahme zuführen müssen, reagieren besonders empfindlich auf Hitze und sind in einem gebratenen Steak meist schon zerstört. Besser nehmen wir diese essenziellen Aminosäuren deshalb durch Obst, Gemüse, Nüsse oder Keimlinge zu uns, die oftmals einen effektiv höheren Anteil enthalten als ein Schnitzel. Darüber hinaus ist Fett kein Kohlenhydratlieferant. Die im Fleisch enthaltenen Fette können zwar in solche umgewandelt werden, dies geschieht aber nur im Notfall und ebenfalls unter großem Energieaufwand. Wie Sie sehen, ist

Fleisch kein essenzieller Teil unserer Ernährung und schon gar nicht nötig, um groß und stark zu werden. Wenn Sie das nicht glauben wollen, werfen Sie doch einmal einen Blick auf den Speiseplan des stärksten Tieres dieser Erde – des Elefanten: Er ernährt sich rein vegetarisch. Sie sollten Fleisch daher als Genussmittel betrachten, auf das Sie wie auch auf Schokolade nicht gänzlich verzichten müssen, dessen Verzehr Sie aber aufgrund der schweren und ineffektiven Verdaulichkeit regulieren sollten.

Obst und Gemüse

Obst und Gemüse in ihrer natürlichen Form, also weder gekocht noch in Blechdosen konserviert, enthalten alle für den Menschen notwendigen Vitamine, Mineralstoffe, Aminosäuren, Kohlenhydrate und Fettsäuren. Darüber hinaus bestehen sie durchschnittlich zu 80 Prozent aus Wasser und unterstützen im menschlichen Organismus somit die Ausscheidung von Nahrungsresten und Schlacken. Auch als schneller Energielieferant eignet sich insbesondere Obst deutlich besser als beispielsweise kohlenhydrathaltige Power-Riegel oder gar Schokolade. Der im Obst enthaltene Fruchtzucker, die Fructose, kann schneller als jedes andere Kohlenhydrat in Glucose, den unter anderem für unser Gehirn notwendigen Brennstoff, umgewandelt werden. Während Ihrer Arbeitszeit sollten Sie deshalb vorwiegend Obst und Gemüse essen. Fast alle frischen Früchte durchlaufen den Magen in weniger als einer halben Stunde und verlangen dem Organismus nur geringen Aufwand zur Verdauung ab. Ihr Körper wird also ideal versorgt und trotzdem kaum belastet.

WAS kombinieren?

Um zu verstehen, wie Sie Ihre Nahrungsmittel am bekömmlichsten miteinander kombinieren, versetzen Sie sich für einen Moment in die Lage Ihres Magens, dem gerade ein durchschnittliches Mittagessen aus magerem Fleisch, Kartoffeln und einem Obstsalat zum Nachtisch serviert wird: auf den ersten Blick gesund. Im Magen angekommen wird Ihnen dieses Gericht allerdings wenig Freude bereiten. Um die stärkehaltigen Kartoffeln zu zersetzen und dann zu verdauen, produziert der Magen alkalischen Magensaft. Für die Zersetzung des eiweißhaltigen Fleisches ist wiederum eine saure Lösung vonnöten. Beide Verdauungssäfte hemmen sich und heben sich gegenseitig in ihrer Wirkung immer wieder auf, was den Verdauungsprozess aufwändig und langwierig macht. Schließlich beginnen die Kohlenhydrate zu gären, und die unvollständig zersetzten Eiweiße gehen in Fäulnis über. Magenbeschwerden, insbesondere Blähungen und Völlegefühl, sind das Resultat. Das nachgeschobene Obst kommt schließlich mit den alkalischen Magensäften in Kontakt und beginnt zu gären. Das ganze Chaos beschäftigt den Magen gute 6 Stunden und das gesamte Verdauungssystem bis zu 24 Stunden. Während dieser langen Zeit verbraucht die Verdauung Energie, die für andere Aufgaben fehlt.

Aus diesem Beispiel ziehen wir zwei Lehren: Erstens, dass wir mit keiner Mahlzeit gleichzeitig große Mengen eiweiß- und kohlenhydrathaltiger Nahrung aufnehmen sollten. Ein Stück Fleisch sollte also nicht mit Kartoffeln, Nudeln oder Reis kombiniert werden. Stattdessen essen Sie dazu Salate und Gemüse. Beide können sowohl in alkalischer als auch in saurer Lösung verdaut werden. Wir merken uns also:

Entweder Eiweiß oder Kohlenhydrate, aber nie beides in großen Mengen miteinander kombiniert. Zweitens ist beim Verzehr von Obst zu beachten, dass es nie zusammen mit anderer Nahrung, sondern in einem Abstand von einer halben Stunde vor einem Essen oder vier Stunden nach einer Mahlzeit verzehrt werden sollte. Diese beiden Regeln bedeuten für Sie nicht, auf irgendetwas zu verzichten, sondern lediglich, nicht alles gleichzeitig zu sich zu nehmen. Beachten Sie diese beiden einfachen Regeln und Sie sparen bereits eine große Menge Energie, die Ihnen ab jetzt für andere Dinge zur Verfügung steht. Gleichzeitig steigern Sie Ihr körperliches Wohlbefinden.

WANN essen?

Im vorangegangenen Teil wurde dargestellt, welche aufwändigen Anforderungen die Verdauung an unseren Körper stellt. Während der Verdauungsprozess läuft, sind wir deshalb weder zu körperlichen noch geistigen Höchstleistungen fähig. Deswegen und zur nachhaltigen Schonung unseres Organismus sollten wir unserem Körper die Möglichkeit geben, den Großteil der Verdauung in seiner Ruhezeit zu erledigen. Es ist in unseren Genen gespeichert, dass der wesentliche Verdauungsprozess von 20 Uhr abends bis 4 Uhr morgens stattfindet. In dieser Zeit sollten Sie möglichst auf Nahrungsaufnahme verzichten und höchstens geringe Mengen leicht und vor allem schnell Verdauliches zu sich nehmen. In dieser Zeit empfiehlt es sich auch, auf die etwas schwerer verdauliche Rohkost (auch rohes Obst) und Salat zugunsten von gedünstetem oder schonend gegartem Gemüse bzw. Obst zu verzichten, bei dem die Verdauung schneller und leichter vonstatten geht und im Körper weniger unverdauliche, belastende Schlacken hinterlässt. Wenn Sie diesen Rat befolgen, wird Ihr Schlaf deutlich entspannter, und Sie werden morgens erholt und vital aufwachen. Diese Tatkraft sollten Sie nicht sofort unter einem kalorienreichen Frühstück begraben. An den Verdauungszyklus zwischen 20 und 4 Uhr schließt sich nämlich unmittelbar der Zyklus der Ausscheidung und Reinigung an. Bis zur frühen Mittagszeit sollten Sie Ihrem Körper für diese Selbstreinigung Zeit geben. Essen Sie also zum Frühstück und am Vormittag vornehmlich Obst und geringe Mengen ballaststoffreiche Kost wie Getreideflocken. Im ersten Moment haben Sie vielleicht Bedenken, aber schon nach kurzer Zeit werden Sie entdecken, dass Sie entgegen vielleicht gehegter Befürchtungen keineswegs am Vormittag Hunger leiden werden, sondern sich im Gegenteil leistungsfähiger und vitaler fühlen als je zuvor. Das liegt daran, dass Ihr Körper all die sonst zur Verdauung des schweren Frühstücks benötigte Energie nun für andere Aktivitäten zur Verfügung stellen kann, z.B. Ihrem Gehirn. Im dritten Zyklus, der von Mittag bis in den frühen Abend dauert, ist Ihr Körper schließlich auf konzentrierte Nahrungsaufnahme eingestellt. Wenn Sie diese nach dem richtigen WAS und WIE ausrichten, wird Ihr Energiepegel bis in den Abend hinein hoch bleiben. Zur näheren Verdeutlichung der Zyklen sind für Sie einige Grafiken angefügt, die jeweils die Energie anzeigen, die Ihr Körper Ihnen für körperliche und mentale Leistungen zur Verfügung stellt.

Die Grafik zeigt den Energiepegel eines Menschen (Person 1)mit typischem, durchschnittlichem Essverhalten, der sich nach landläufiger Meinung durchaus gesund ernährt.

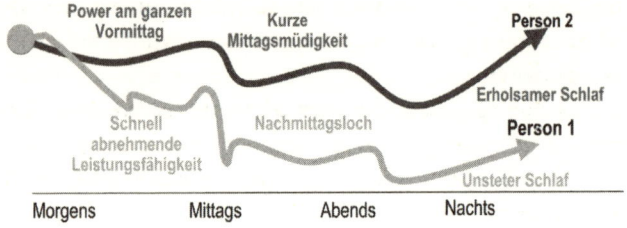

Power am ganzen Vormittag — Kurze Mittagsmüdigkeit — Person 2 — Erholsamer Schlaf — Person 1

Schnell abnehmende Leistungsfähigkeit — Nachmittagsloch — Unsteter Schlaf

Morgens — Mittags — Abends — Nachts

Um 7 Uhr frühstückt diese Person Brot mit Spiegeleiern und trinkt einen Orangensaft. Das stärkehaltige Brot zwingt den Körper zur Bereitstellung alkalischer Verdauungslösung, das Eiweiß der Spiegeleier setzt die Produktion saurer Magenlösung in Gang. Beide Lösungen hemmen sich gegenseitig in ihrer Wirkung und verzögern den Verdauungsvorgang. Im Laufe dieses Prozesses beginnt der Orangensaft zu gären. Der Körper möchte in dieser Phase eigentlich alte Nahrung und im Verdauungstrakt befindliche Schadstoffe ausscheiden. Diese zur Gesunderhaltung des Körpers essenzielle Maßnahme wird allerdings hinter die Verdauung des Frühstücks zurückgestellt. Am Mittag ist der Verdauungsprozess noch im Gange und der Ausscheidungsprozess konnte nur unzureichend abgeschlossen werden.

Das Mittagessen, das jetzt dem Körper zugeführt wird, benötigt nun mindestens 24 Stunden, um durch den Verdauungstrakt zu wandern. Um 20 Uhr startet der Körper mit der Verwertung, wird allerdings um 22 Uhr von einem Steak mit Kartoffeln und Salat überrascht. Bis 1 Uhr in der Nacht dauert nun erneut die Verdauung. Der natürliche Rhythmus des Körpers ist gestört. Als Resultat wird die Nahrung unzureichend verdaut und verwertet und die Selbstreinigung des Verdauungstraktes kann nicht richtig funktionieren.

Der am Morgen aufgrund der nicht abgeschlossenen Verdauung des Vortages sowieso niedrige Energiepegel dieses Menschen fällt über den Tag weiter kontinuierlich ab, da keine Energiereserven gebildet werden konnten. In vielen Fällen wird nun dieser schleichende Vitalitätsverlust durch die erneute Zufuhr von vermeintlich kraftspendender Nahrung oder von Koffein bekämpft. Koffein oder andere Aufputschmittel führen allerdings nur zu einem Verlust unseres natürlichen Körpergefühls. Wir nehmen unseren Energiemangel nicht mehr wahr und es fällt uns leichter, über unsere Belastungsgrenzen hinauszugehen.

Wir meinen, durch den Kaffee unser durch falsche Ernährung entstandenes Energiedefizit auffüllen zu können; in Wirklichkeit hilft er uns lediglich dabei, dieses zu missachten und unserem Körper durch Überlastung nachhaltig zu schaden. Zudem wirkt Koffein nur kurzfristig aufputschend, nach einiger Zeit schlägt die Wirkung ins Gegenteil um – oft ein Grund, sich eine zweite Tasse Kaffee einzuschenken, womit der gleiche Teufelskreis von vorn beginnt.

Bei Person 2 hingegen, die den Vormittag über Obst isst, zu Mittag eine Mahlzeit mit Salat, Gemüse, Hülsenfrüchten und etwas Fleisch und nicht zu spät abends ebenfalls ein leichtes Essen nach oben beschriebener Art, ist der morgendliche Energiepegel im Gegensatz dazu angemessen hoch, und dieses Niveau kann über den Tag hinweg auch relativ konstant bleiben, wenn nicht andere negative Einflüsse wirken. Den Vormittag über kann sich der Körper ganz auf die Selbstreinigung konzentrieren. Der Verzehr von Obst liefert dazu ausreichend und die passende Energie. Die Verdauung des Mittagessens läuft aufgrund des gut funktionierenden Stoffwechsels und der intelligenten Nahrungszusammenstellung problemlos ab, und die Person verspürt lediglich einen kurzen Energieknick nach dem Essen. Gleiches gilt für das Abendessen.

Frühstück	Mittagessen (zwischen 12 und 14 Uhr)	Abendessen (zwischen 18 und 20 Uhr)
Obst, Obstsaft wenig und leichte, ballaststofffreie Kost wie ungezuckertes Müsli, Porridge, Vollkornbrot mit wenig Butter oder pflanzlichem Fett, leichter Aufstrich	Grüner Salat, diverse Rohkost Gemüse, schonend gegart oder gedünstet Hülsenfrüchte, Teigwaren, Reis, ab und zu Kartoffeln, Kohlenhydrate in anderer Form	Gemüse, schonend gegart oder gedünstet eine normale Menge an Fleisch oder Fisch, fettarm zubereitet, oder stattdessen Kohlenhydrate wie Kartoffeln, Reis, Teigwaren oder Brot
Als Zwischenmahlzeit Obst oder Gemüse	Als Zwischenmahlzeit Obst oder Gemüse, Nüsse, Trockenfrüchte	

Anhand der beiden Energieniveaukurven wird klar ersichtlich, welche der beiden Personen bei ansonsten gleichen Bedingungen wohl leistungsfähiger ist.

WIE essen?

Wir essen nicht nur, um zu leben, das heißt, um Nährstoffe für die Lebensvorgänge aufzunehmen, sondern unser Essen bestimmt ganz wesentlich unsere Lebensqualität und Lebensfreude. Essen Sie daher in Ruhe und genießen Sie Ihre Mahlzeiten ganz bewusst. Gönnen Sie sich gute, gesunde Nahrung, und machen Sie sich deutlich, dass Sie Ihrem Körper damit etwas Gutes tun und für ihn sorgen.

Für einen Gourmet ist ein gutes Essen ein körperlicher Genuss und ein Fest für die Sinne. Zelebrieren Sie Ihre Mahlzeiten. Verzichten Sie auf alles Essen, das Sie sich fast unbemerkt und unbewusst zuführen, wie Fast Food im Auto oder beiläufige Snacks während der Arbeit. Gerade dann begeht man oft Ernährungsfehler. Nehmen Sie sich zumindest ein paar Minuten Zeit, um in Ruhe zu essen, und wählen Sie Ihre Nahrung bewusst aus. Verzichten Sie lieber einmal aufs Essen, anstatt Belastendes und schwer Verdauliches zu sich zu nehmen.

Wie für alles andere gilt jedoch auch dabei: keine Verbissenheit und Intoleranz. Wenn Ihnen danach ist, gönnen Sie sich ruhig einmal einen Schokoriegel als Zwischenmahlzeit oder ein XXL-Menü bei McDonalds. Allerdings sollten Sie sich dabei immer kritisch fragen, ob es tatsächlich der Genuss ist, der dieses Verlangen auslöst, oder ob Sie es einfach nur gewohnt sind, im Büro statt Obst Schokolade zu essen oder zu Ihrem Steak als Beilage Pommes frites zu wählen statt einen Salat.

Gleiches gilt hinsichtlich der drei Zyklen: Bevor Sie am Abend aus Hunger nicht einschlafen können, essen Sie lieber um 23 Uhr noch ein Brot. Seien Sie sich allerdings darüber im Klaren, dass Ihr mögliches allabendliches und frühmorgendliches Verlangen nach schwerer Nahrung eine reine Gewohnheit ist, die zu ändern Sie in der Hand haben.

Sicher erfordert das eine gewisse Umstellungszeit, aber vielleicht werden Sie am Vormittag schon bald anstatt in die Keksdose in der Schreibtischschublade in die vor Ihnen stehende Obstschale greifen und mittags statt Schnitzel mit Kartoffeln eine Backkartoffel mit Gemüse und Salat bestellen. Überlegen Sie, warum es Ihnen bis jetzt schwer gefallen ist, Ihre Ernährung auf frische und gesunde Kost umzustellen. War es aufgrund von Gewohnheit, Trägheit oder Unwissen? Statt als Zwischenmahlzeit zum Süßen zu greifen schnell einen Gemüseteller anzurichten, kostet wenig Zeit, macht kaum Mühe und schmeckt obendrein meist viel besser. Warten Sie ab, wie viele Kollegen sich gern an Ihrem gesunden Teller bedienen werden. Ebenso verdient das gute alte »Studentenfutter« als Zwischenmahlzeit eigentlich wieder mehr Beachtung, denn es trägt seinen Namen gar nicht zu Unrecht. Nüsse enthalten besonders viele Vitamine und essenzielle Fett- und Aminosäuren, die insbesondere für die Funktion des Gehirns notwendig sind. Auch Rosinen und andere Trockenfrüchte enthalten wesentlich mehr Vitamine und Vitalstoffe als industriell gefertigte Süßigkeiten und sind sogar viel schmackhafter.

Lassen Sie sich Zeit für die Ernährungsumstellung. Jeder Fanatismus und Druck wirkt sich eher negativ aus. Gehen Sie am besten in kleinen Schritten vor. Greifen Sie bei Ihren gewöhnlichen vormittäglichen Mahlzeiten immer öfter zu

Obst und schränken Sie Ihren spätabendlichen oder nächtlichen Appetit immer stärker ein. Irgendwann ist dann die alte Gewohnheit verschwunden und durch eine gesündere ersetzt. Seien Sie aber auch nicht zu unverbindlich. Was halten Sie davon, bis zum Ende der Lektüre dieses Buches Ihre Ernährung in gewünschter Weise gemäß den Regeln des WAS, WANN und WIE des richtigen Essens umgestellt zu haben? Konzentrieren Sie sich darauf, Ihre Essensgewohnheiten zu ändern, und lenken Sie Ihre Aufmerksamkeit immer wieder bewusst auf Ihren Energiepegel.

KÖRPERÜBUNGEN

Nachts ist unser Körper auf Ruhe und Erholung eingestellt. Am Morgen braucht er daher wie ein Motor einen kurzen Startvorgang, der alle Systeme in Schwung bringt. Und wie bei einem Fahrzeug verbraucht auch unser Körper beim Erbringen von Leistungen und Zurücklegen von Strecken deutlich weniger Energie, wenn der Motor bereits läuft und nicht dauernd Neustarts notwendig sind.

Körperliche Übungen reinigen den Körper zudem von verbrauchten, den Organismus belastenden Energien, von Stoffwechselschlacken und Abbauprodukten. Die körperliche Aktivierung bringt also unseren Stoffwechsel richtig in Schwung: So werden z.B. in der Leber aus Fetten körpereigene Hormone synthetisiert. Dadurch kommt es zum Abbau von Fettzellen und zu weniger Fettablagerungen in den Blutgefäßen, die ja bekanntlich Verkalkungen an den Gefäßwänden zur Folge haben. Darüber hinaus werden durch körperliche Aktivität die Nervenleitung erhöht, die Durchblutung gesteigert und unzählige vitalitätsfördernde biochemische Prozesse in Gang gesetzt, die unseren ganzen Körper, insbesondere auch unser Gehirn mit der notwendigen Energie versorgen.

Körperliche Aktivität wirkt nicht nur physisch, sondern auch mental und emotional entlastend und setzt einen Reinigungsprozess auf mehreren Ebenen in Gang. Sie befreit von belastenden Gedanken – Ärger, Groll und Stressgefühl verflüchtigen sich – und sie macht den Kopf im wahrsten Sinne des Wortes frei. Bestimmt haben Sie schon selbst die Erfahrung gemacht, wie ausgiebiger Sport die Gedanken klärt, wie Sie nach einem Tennismatch mit vollem Einsatz Ihren inneren Druck losgeworden sind, wie Sie nach einer ausgedehnten Wanderung Probleme von einem anderen Standpunkt aus betrachten können, wie ein Schweiß treibendes Squash-Spiel oder Fitness-Training berufliche oder private Probleme relativiert und weniger schwer erscheinen lässt, wie Alltagsstress und seelische Belastungen durch körperliche Aktivität reduziert werden.

Wird der Blutfluss in den Gefäßen angeregt, so reguliert sich auch der Energiefluss in den Energiebahnen, den sogenannten Meridianen oder Nadis. Das Resultat ist neben der Reinigung von blockierender Energie u. a. eine deutlich höhere geistige Leistungsfähigkeit, verbunden mit höherer Denkleistung, schnellerer Auffassungsgabe und gesteigerter Kreativität.

Versuchen Sie, den Tag konsequent mit einem ca. 10- bis 20-minütigen körperlichen Fitnessprogramm zu beginnen. Besonders geeignet sind Yoga, Tai Chi oder Chi Gong, Fünf Tibeter, Stretching oder ähnliche gymnastische Übungen. Nachfolgend haben wir Ihnen ein kleines, besonders einfach durchzuführendes Übungsprogramm zusammenge-

stellt, welches alle Körperbereiche bewegt und dabei viele
der wichtigen Energiezentren und deren Versorgungsgebiet
im Körper reinigt und aktiviert.

Körperübungen am Morgen

Führen Sie Ihre Körperübungen auf jeden Fall vor dem
Frühstück durch. Sorgen Sie für ausreichend frische Luft
und tragen Sie bequeme, nicht einengende Kleidung. Stellen
Sie sich bequem hin und achten Sie darauf, dass Sie genügend Platz um sich herum haben. Die gesamte Übungsfolge
sollten Sie möglichst zwei- bis dreimal wiederholen.

1. Augenübungen: Augen nach rechts kreisen lassen / Augen
nach links kreisen lassen
Beginnen Sie damit, die Augen kreisen zu lassen. Über-
anstrengen Sie Ihre Augen nicht, aber versuchen Sie dennoch, die Augen vorsichtig bis an den Rand Ihres Blickfelds
sozusagen zu »dehnen«, ohne dabei den Kopf zu bewegen.
Atmen Sie dabei langsam und tief ein und aus. Kreisen Sie
etwa 8 bis 12 Mal im Uhrzeigersinn und ebenso gegen den
Uhrzeigersinn.

2. Nackenübung 1: Kopf nach rechts und links drehen
Als nächstes drehen Sie Ihren Kopf langsam abwechselnd
nach rechts und nach links. Versuchen Sie, dabei Ihren
Atem mit der Übung zu synchronisieren, das heißt z.B.:
Während des Einatmens drehen Sie den Kopf nach links,
während des Ausatmens zurück zur Mitte. Dann während
des Einatmens nach rechts drehen, während des Ausatmens
zurück zur Mitte. Versuchen Sie, langsam und mit Gefühl
bis an die Grenze zu dehnen, aber überdehnen Sie nicht.

Führen Sie auch diese Übung etwa 8 bis 12 Mal in jede Richtung durch.

Nackenübung 2: Kopf zurückbeugen und senken
Kopf zurückbeugen und einatmen; Kopf zur Brust senken und ausatmen.
Das Gleiche gilt für die nächste Übung, bei der Sie den Kopf langsam – mit dem Einatmen – nach oben und zurück bewegen und dann – mit dem Ausatmen – nach unten, mit dem Kinn zur Brust.

3. Schulterübung: Arme kreisen, vorwärts und rückwärts
Nun lassen Sie schwungvoll – wie Windmühlenflügel – Ihre Arme kreisen, mindestens 12 Mal nach hinten und 12 Mal nach vorne.

4. Ellbogenübung: Arme anwinkeln und ausstrecken
Als Nächstes beugen und strecken Sie die Arme in den Ellbogen, wobei Sie beim Beugen die Hände zur Faust ballen und beim Strecken die Finger ausstrecken. Auch diese Übung machen Sie 10 bis 12 Mal.

5. Handgelenksübung: Arme ausstrecken und Hände kreisen lassen
Lassen Sie die Hände in den Handgelenken kreisen, in jede Richtung etwa 12 Mal.

6. Fingerübung:
Strecken Sie die Finger aus und ballen dann die Fäuste, immer abwechselnd mindestens 12 Mal

7. Oberkörperdrehung:
Drehen Sie Ihren ganzen Oberkörper, abwechselnd nach
links und nach rechts, 8 bis 12 Mal in jede Richtung. Sie
können dabei die Arme anwinkeln oder einfach locker mit-
schwingen lassen, je nachdem wie viel Platz Sie um sich
herum zur Verfügung haben.

8. Seiten dehnen: Arme jeweils über dem Kopf zur Gegen-
seite strecken
Strecken Sie als Erstes die Arme nach oben über den Kopf
und beugen dann den Oberkörper nach einer Seite und
dann zur anderen Seite. Immer abwechselnd jede Seite etwa
8 Mal.

9. Hüfte kreisen lassen: rechts / links herum
Als Nächstes lassen Sie Ihre Hüften kreisen, langsam und in
großen Kreisen, etwa 8 bis 12 Mal in jede Richtung. Wenn
Sie möchten, können Sie dabei die Hände in die Hüften
stemmen. Sind Sie gelenkig genug, können Sie auch noch
die kleinen Hüftkreise machen, versuchen Sie die Kreise
so eng wie möglich werden zu lassen, als würden Sie einen
Bauchtanz aufführen!

10. Knieübung 1: in den Knien wippen
Nun machen Sie ca. 50 halbe Kniebeugen, d.h. Sie wippen
kräftig in den Knien auf und ab.

Knieübung 2: Knie anwinkeln und strecken (»Kicken«)
Auf dem jeweils anderen Bein stehend, beugen und stre-
cken Sie ein Bein im Knie, mit einer Art Kickbewegung.
Jedes Bein etwa 8 Mal. Wenn Sie nicht gut auf einem Bein

balancieren können, können Sie diese Übung auch im Sitzen durchführen, ebenso wie die nächste Übung.

11. Fußübung:

Füße kreisen lassen: rechts / links herum, jede Seite etwa 10 bis 12 Mal.
Gleiches gilt für die Zehenübung: Zehen ein- und ausrollen, etwa 10 bis 12 Mal.

12. Oberkörper nach vorne und hinten beugen

Arme über den Kopf nach oben strecken, dann beim Beugen nach vorne ausatmen, Arme hängen lassen und mit den Händen den Boden berühren, in den gedehnten Rücken hineinatmen; beim Aufrichten des Oberkörpers einatmen; beim Beugen nach hinten Arme nach oben/hinten strecken, ausatmen. Etwa 5 bis 7 Mal wiederholen.

EINIGE KURZE ÜBUNGEN (FÜR ZWISCHENDURCH) ZUR VERSTÄRKUNG DER AURA UND DES PHYSISCHEN KÖRPERS

Alle Übungen werden mehrfach wiederholt.

Übung 1

Senkrecht stehen
Beim Einatmen (EA) die Arme ausgestreckt nach oben nehmen und den Atem kurz halten,
beim Ausatmen (AA) die Arme wieder nach unten sinken lassen.

Übung 2

Senkrecht stehen und das Kinn zur Brust führen, die Arme hängen entspannt seitlich am Körper.

Beim EA den Kopf langsam heben und die Arme im gleichen Tempo seitlich in die waagrechte Position führen. Beim AA wieder in die Ausgangslage gehen.

Übung 3

Senkrecht stehen, die Arme hängen entspannt seitlich am Körper.

Beim EA einen Arm senkrecht nach oben nehmen und den anderen nach unten strecken. Während der Atempause

beide Hände im schnellen Rhythmus zur Faust ballen und wieder öffnen.
Beim AA wieder in Ausgangslage gehen.
Danach beim EA Seitenwechsel.

Übung 4
Senkrecht stehen, die Handflächen parallel zueinander vor der Brust fast zusammenführen – es bleibt ein kleiner Zwischenraum von wenigen Zentimetern.
Beim EA die Arme seitlich nach hinten führen, kurze Atempause, beim AA wieder in die Ausgangsposition gehen.

Übung 5

Senkrecht stehen, die rechte Hand auf den Nabel legen, die linke Hand auf das Steißbein.
Beim EA das Becken nach vorne schieben,
beim AA das Becken nach hinten nehmen.

Übung 6

Senkrecht stehen, die Arme und Hände gerade nach vorne nehmen.
Beim AA nach unten in die Kniebeuge gehen,
beim EA wieder nach oben kommen.

(Die Füße bleiben während der gesamten Übung flach auf dem Boden.)

Menschen, die Probleme mit Kniebeugen haben, können sich beim AA auf einen Stuhl setzen und beim EA wieder aufstehen.

Nachfolgend finden Sie noch eine kurze meditative Übung, die Sie im Laufe des Tages, auch in der Mittagspause oder zwischendurch zur Entspannung praktizieren können, um wieder Ihre Mitte zu finden, sozusagen ein Instant-Programm gegen Stress.

Entspannung

Bitte setzen Sie sich mit geradem Rücken bequem auf einen Stuhl, die Füße auseinander und die Hände auf dem Schoß, oder legen Sie sich flach auf den Boden, die Beine auseinander und die Handflächen zeigen nach oben.

Atmen Sie tief ein, der Bauch hebt sich – atmen Sie aus, die Bauchdecke senkt sich. Atmen Sie langsam ein und wieder aus. Atmen Sie langsam aus. Konzentrieren Sie dabei Ihr Bewusstsein auf den gesamten Körper. Atmen Sie wieder normal, konzentrieren Sie dabei aber das Bewusstsein weiter auf den gesamten Körper.

Ihre Beine entspannen sich: Ihre Füße, Waden, Knie, Ober-
schenkel, Hüften. Ihre Beine sind ganz entspannt. Lenken
Sie Ihr Bewusstsein in die Beine und stellen Sie sich vor, wie
diese ganz entspannt sind.

Ihr Bauch entspannt sich, Ihr Bauch ist ganz entspannt.
Lenken Sie Ihr Bewusstsein in den Bauch und stellen Sie
sich vor, wie dieser ganz entspannt ist.

Ihre Brust entspannt sich, Ihre Brust ist ganz entspannt.
Lenken Sie Ihr Bewusstsein in die Brust und stellen Sie sich
vor, wie diese ganz entspannt ist.

Ihre Arme entspannen sich: Finger, Handgelenke, Unter-
arme, Ellenbogen, Oberarme und die Schultern. Ihre Arme
sind ganz entspannt. Lenken Sie Ihr Bewusstsein in die Arme
und stellen Sie sich vor, wie diese ganz entspannt sind.

Ihr Rücken entspannt sich: unterer, mittlerer und oberer
Rücken. Ihr Rücken ist ganz entspannt. Lenken Sie Ihr
Bewusstsein in den Rücken und stellen Sie sich vor, wie
dieser ganz entspannt ist.

Ihr Nacken entspannt sich: Ihr Nacken ist ganz entspannt.
Ihr Gesicht entspannt sich: Kinn, Wangen, Mund, Nase,
Augen, Ohren und die Stirn, Ihr Gesicht ist ganz entspannt.
Lenken Sie Ihr Bewusstsein in den Nacken und das Gesicht
und stellen Sie sich vor, wie diese ganz entspannt sind.

Ihre inneren Organe entspannen sich: Magen, Bauch-
speicheldrüse, Leber und alle anderen inneren Organe.
Ihre inneren Organe sind ganz entspannt. Lenken Sie Ihr
Bewusstsein in die inneren Organe und stellen Sie sich vor,
wie diese ganz entspannt sind.

Ihr Geist entspannt sich: Ihr Geist ist ganz entspannt. Sie
sind vollkommen entspannt.

Ganz sanft kehren Sie zurück in Ihren Körper. Bewegen

Sie langsam Ihre Füße, Ihre Hände, Ihren ganzen Körper. Stehen Sie auf und strecken und schütteln Sie sich einmal kurz aus.

Die Entspannung sollte maximal 5 bis 10 Minuten dauern.

ATMUNG

Alle körperlichen Systeme funktionieren nach dem Prinzip von Aufnahme und Abgabe, ob es nun die Verdauung, die Atmung oder die Haut ist. Dieses Prinzip dient der Reinigung wie der Aktivierung. Über die Atmung lassen sich Intensität und Rhythmus all dieser körperlichen Ausgleichsprozesse steuern. Es kommt daher nicht von ungefähr, dass fast alle traditionellen und natürlichen Heilweisen die richtige Atmung als einen wichtigen Ansatz zur Förderung von Gesundheit und Vitalität anerkennen. Dieses Wissen um die essenzielle Bedeutung der Atmung ist in unserer modernen Zeit etwas abhanden gekommen, tritt aber mittlerweile durch die Vorliebe vieler Menschen für natürliche Heilmethoden wieder stärker ins Bewusstsein.

Bauchatmung

Die Bauchatmung ist die natürliche Form der Atmung. Tiere, Säuglinge und kleine Kinder praktizieren sie noch automatisch. Danach gewöhnen wir uns im Laufe der Erziehung leider diese Form der Atmung meist ab, um sie dann später im Zuge einer gesünderen Lebensweise als heilsam zu begreifen und mühsam neu zu lernen. Die wenigsten Menschen nehmen den Rhythmus und die Art und Weise ihres Atems bewusst war. Bauchatmung geschieht mithilfe des Zwerchfells. Durch Senkung des Zwerchfells beim Einatmen erweitert sich der Lungenraum und durch das entstehende Vakuum wird die Luft eingezogen und die Lunge gefüllt. Beim Ausatmen schieben wir das Zwerchfell nach oben und die Lunge wird so weitgehend entleert. Im Vergleich zu der bei uns üblichen Brustatmung ist die gesamte Atmung tiefer, die Sauerstoffversorgung besser und die Menge ausgetauschter Luft größer. Des Weiteren werden die Funktion des Herz-Kreislaufsystems verbessert und die Bauchorgane wie Milz, Leber, Magen und Darm massiert und durch die Zwerchfellbewegung in ihrer Funktion aktiviert und unterstützt.

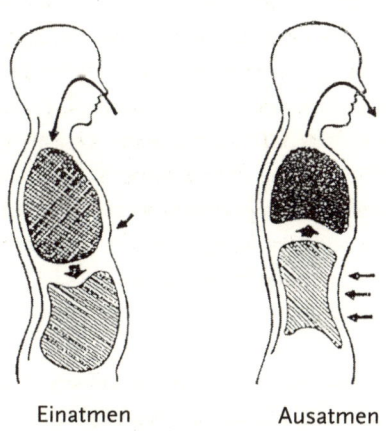

Einatmen   Ausatmen

Die Technik der Bauchatmung
Atmen Sie tief und gleichmäßig ein und aus. Die Gleichmäßigkeit der Atmung ist ein Schlüssel für die Effektivität. Finden Sie Ihren Atemrhythmus und spüren Sie die Ruhe in sich. Beim Einatmen füllen Sie den ganzen Bauchraum, der Bauch wölbt sich nach außen. Zur Kontrolle können Sie die

Hände anfangs auf den Bauch legen und wahrnehmen, wie er sich den Händen beim Einatmen nähert. Zum Ausatmen zieht sich die Bauchdecke nach innen und drückt die Luft nach oben heraus. Unterstützen Sie diese Bauchdeckenbewegung beim Ausatmen, indem Sie mit den Händen einen leichten Druck ausüben und die Luft nach oben herausdrücken. Am Ende jeder Atembewegung des Ein- und des Ausatmens verharren Sie einen kleinen Moment: Einatmen /Stopp – Ausatmen/Stopp – Einatmen/Stopp – Ausatmen/ Stopp – Einatmen ...

Unmittelbar spürbar wird dabei Energie erzeugt, was Sie als Energieschub wahrnehmen. Es ist insbesondere ratsam, diese Atemtechnik anzuwenden, wenn Sie sich körperlich oder geistig erschöpft fühlen, aber auch schon, wenn sich ein solcher Erschöpfungszustand ankündigt. Es reicht schon, wenn Sie die Bauchatmung nur 3 Minuten bewusst durchführen: Alle energiespendenden Körpersysteme werden aktiviert und der Energiezuwachs macht sich sofort bemerkbar. Nach 10 Minuten Bauchatmung steigt die Energieversorgung unseres Körpers auf das Maximum. Sollten Sie dabei Schwindel verspüren, lassen Sie es für den Moment gut sein. Ihre Energie-Aufnahmekapazität wird sich mit der Zeit erhöhen. Schwindel und ein Druckgefühl im Kopf sind Zeichen, dass Sie jetzt genug Energie aufgenommen haben und diese erst einmal im Körper verteilt werden muss.

Diese Atemtechnik ist einfach, überall anwendbar und sehr effektiv. Stellen Sie sich vor, Sie haben eine stundenlange, anstrengende Besprechung hinter sich gebracht, und nun wird eine kurze Essenspause anberaumt. Während der Konferenz waren Sie noch hoch konzentriert bei der Sache.

Doch in der Pause nehmen Sie Ihre Erschöpfung wahr und suchen nun nach einer Möglichkeit, Ihr ursprüngliches Energieniveau und Leistungsvermögen wiederherzustellen. Suchen Sie sich einen stillen Ort und praktizieren Sie drei bis fünf Minuten lang Bauchatmung. Tun Sie dies, auch wenn Sie schon der Hunger plagt, unbedingt vor dem Essen. Bauchatmung bei einem gefüllten Magen kann Unwohlsein und Übelkeit verursachen, weil die Bauchorgane dabei aktiviert und massiert werden. Nehmen Sie dann ein leichtes Essen aus Salat oder Gemüse und etwas Kohlenhydraten in Form von Reis, Teigwaren oder wenig Kartoffeln zu sich und sorgen Sie für ausreichende Flüssigkeitszufuhr, indem Sie mehr trinken als essen.

Mit der Zeit werden Sie die Atemtechnik der Bauchatmung so gut beherrschen, dass Sie diese Atemübung auch im Beisein anderer unbemerkt durchführen können, wenn Sie für eine vermehrte Energiezufuhr sorgen möchten. Stellen Sie sich vor, Sie haben das Glück, an einem Vortrag im kleinen Kreis mit einem sehr berühmten Vortragenden teilnehmen zu können. Der Sachverhalt ist kompliziert und das Zuhören und Mitdenken strengt an. Sie merken, wie Sie müde werden und befürchten schon, gleich gähnen zu müssen und den Vortragenden damit zu konfrontieren. Machen Sie 3 Minuten lang Bauchatmung, und Sie werden sehen, wie Ihr Konzentrationsvermögen und Energieniveau sich wieder erholen.

Ausgleichsatmung
Mit Hilfe dieser Atemübung werden nicht nur die einzelnen Organfunktionen untereinander harmonisiert, aktiviert und energetisiert, sondern auch der gesamte Körper

ins Gleichgewicht gebracht. Die Hirnhälften, manchmal auch verschiedene andere Bereiche des Körpers, sind bei vielen Menschen unterschiedlich aktiv. Manche von Ihnen kennen vielleicht das Phänomen, dass sich Beschwerden auf eine Körperseite konzentrieren: Dann treten Halsschmerzen z.B. vorwiegend rechts auf, gleichzeitig schmerzt die Schulter rechts, und wenn Rückenbeschwerden hinzukommen, betreffen auch sie wiederum allein die rechte Seite. Manche Funktionen sind im Gehirn nur einseitig angelegt; es gibt zum Beispiel ein Zentrum, in dem die Wortfindung lokalisiert ist, ein anderes Hirnareal ist für das Sprechen und wieder ein anderes für die Bewegungskoordination zuständig. Für die Koordination von Bewegungen und von Wahrnehmungen, zum Beispiel der optischen, akustischen oder taktilen Sinnesreize, ist eine ausgeglichene Aktivität beider Hirnhälften erforderlich.

Die Ausgleichsatmung dient der Harmonisierung der Körperhälften. Diese Harmonisierung wirkt sich in der Normalisierung der fein- und grobmotorischen Fähigkeiten aus, sie verbessert das Denkvermögen, die Konzentrationsfähigkeit und die Fähigkeit zur gedanklichen Strukturierung und Koordination, und sie dient der emotionalen Stabilität. Bei vielen körperlichen Erkrankungen, vor allem bei solchen des Nervensystems und des Bewegungsapparats, aber auch bei psychischen Leiden und Entwicklungsstörungen ist die Aktivität der Hirnhälften nicht ausgeglichen.

Während die Bauchatmung eher Energie spendet und die Funktionen des Körpers aktiviert und regeneriert, wirkt die Ausgleichsatmung harmonisierend und erzeugt ein Gefühl der inneren Ruhe, Kraft und Ausgeglichenheit. Innere Ruhe und ein Bewusstsein Ihrer eigenen Kraft schaffen die beste Basis für eine außergewöhnliche Leistungsfähigkeit. Diese Atmungstechniken sind einfach anzuwenden und gleichzeitig erwiesenermaßen sehr effektiv. Beide Atemtechniken sollten regelmäßig, wenn auch mit Bedacht angewendet werden. Wie beschrieben heben sie das Energieniveau und aktivieren alle Organsysteme.

Während Sie die Bauchatmung immer anwenden können, wenn ein Gefühl der Erschöpfung, ein Energie- oder Konzentrationsmangel oder ein körperliches oder geistiges Leistungstief auftritt, wird empfohlen, die Ausgleichsatmung nicht öfter als drei Mal täglich zu praktizieren. Die Erhöhung der Energie im Körper geht meist unbemerkt vonstatten, gelegentlich ist sie aber auch deutlich spürbar. Gerade am Anfang werden Sie die im Körper freigesetzte Energie vielleicht als Kopfdruck, Kribbeln oder Wärme wahrnehmen. Wenn Sie dies als unangenehm empfinden, brechen Sie die Atemübungen einfach ab und machen Sie körperliche Übungen. Durch Körperübungen wird sich die Energie rasch verteilen. Vielleicht ist Ihr Körper an ein so hohes Maß an Energie gar nicht mehr gewöhnt. Wenn Sie die Energie im Körper spüren oder sogar als Bewegung empfinden, nehmen Sie dies als Zeichen der Wirksamkeit Ihrer Übungen mit Freude an. Durch regelmäßiges Praktizieren der Atemübungen und vor allem, wenn Sie diese mit Meditationsübungen kombinieren, vergrößert sich die Aufnahmekapazität des Körpers für diese Energien und Sie werden die Fülle der für Ihren Körper generierten Energie nicht mehr als Druck, sondern als angenehm wahrnehmen. So gelangen Sie durch regelmäßige Praxis von Körper-, Atem-, und Meditationsübungen in einen Zustand beständiger innerer Stärke und Ruhe, die Sie ein positives Lebensgefühl ausstrahlen lassen und Ihre Leistungsfähigkeit und Ausdauer bereits so erhöhen, dass sich das beruflich wie im Privaten positiv auswirken wird.

Es wird auch anderen auffallen, wie es Ihnen durch innere Ruhe auch in schwierigen Situationen gelingt, schnell, angemessen und effektiv zu reagieren. Auf allen Geschäftsebenen werden die Qualitäten eines Mitarbeiters gern danach beurteilt, wie sich dieser in Krisensituationen bewährt. Mit der neu gewonnenen inneren Kraft und Ausgeglichenheit, aber auch mit frisch aktivierten Fähigkeiten und erhöhter Präsenz werden Sie Ihre Aufgaben bestens bewältigen.

*Die Technik der Ausgleichsatmung**

Schließen Sie mit angelegtem Zeigefinger das linke Nasenloch und atmen nur durch das rechte ein und zählen in Gedanken bis 6. Schließen Sie danach mit dem Daumen zusätzlich noch die rechte Nasenhälfte und halten Sie die Luft an, während Sie im gleichen Rhythmus bis 3 zählen. Danach geben Sie die linke Hälfte frei und atmen aus auf 6. Erneut schließen und auf 3 anhalten, um dann links auf 6 einzuatmen. Erneut schließen und 3 Einheiten anhalten. Auf 6 rechts ausatmen und danach schließen und 3 Einheiten anhalten. Jetzt wiederholen Sie die gesamte Übung 5 bis 7 Mal. Wichtig ist, dass Sie den 6-3-Takt einhalten. Falls es Ihnen schwer fällt, gleichmäßig zu zählen, können Sie als Vorgabe beispielsweise Ihren eigenen Puls verwenden. Bleiben Sie nach dieser Atemübung für kurze Zeit

* Der Abschnitt über die Ausgleichsatmung wurde im Wesentlichen entnommen aus: Master Choa Kok Sui: »In die Stille gehen – Einswerden mit der Seele« – KOHA-Verlag. Wir danken für die freundliche Genehmigung zum Abdruck.

bewusst und konzentriert, und Sie werden sofort die harmonisierende und energetisierende Wirkung spüren. Sie können diese kraftvolle Übung 1 bis 3 Mal täglich je nach Bedarf ausführen, allerdings nie länger als 7 Durchgänge. Unterschätzen Sie nicht die Menge an aufgenommener Energie; sie könnte Ihre Körperkreisläufe sonst überfordern und schlimmstenfalls eine Schädigung herbeiführen.

GESUNDER, NATÜRLICHER SCHLAF

Jeder weiß, dass Erholung im Schlaf für das Wohlbefinden und die geistige Leistungsfähigkeit unerlässlich ist. Nichtsdestotrotz schlafen viele Menschen zu kurz und unter ungünstigen Bedingungen; was sie gedanklich am Tage beschäftigt hat, verfolgt sie auch noch im Schlaf. Obwohl sie ausreichend Zeit im Bett verbracht haben, wachen sie am Morgen unausgeschlafen und wenig erholt auf.

Wenn es Ihnen auch so geht, lassen Sie uns die folgenden Punkte gemeinsam durchgehen:

- Überprüfen Sie bitte zunächst Ihr Schlafzimmer und das Bett auf mögliche Ursachen, die Ihren Schlaf stören könnten. Entspricht die Größe und Belüftung des Raumes Ihrem Bedarf? Sind Sie empfindlich gegen Geräusche oder Zugluft oder bestimmte Gerüche? Wie steht es mit dem Lärmpegel in Ihrem Schlafzimmer?
- Stören elektrische Geräte und Leitungen die energetische Balance im Raum? Wenn Sie unter Schlafstörungen leiden, ist es empfehlenswert, alle elektrischen Geräte zu entfernen, die die ganze Nacht über im Stand-by-Betrieb laufen. Ein Telefon im Schlafraum ist verzichtbar. Wenn Ihnen die Sicherheit, auch zu Schlafenszeiten erreichbar

zu sein, innere Ruhe verschafft, behalten Sie das Handy im Schlafzimmer, aber legen Sie es besser nicht in Ihren unmittelbaren Kopfbereich, sondern positionieren es in einiger Entfernung.

- Welche Farben haben Sie für Ihr Schlafzimmer gewählt? Kräftige Töne mit Rot und Orange wirken anregend und aktivierend, besser für einen ruhigen Schlaf sind Pastelltöne. Prüfen Sie kritisch die Möblierung und Dekoration des Schlafzimmers. Möblieren Sie das gesamte Schlafzimmer bewusst, sparsam und klar. Es lohnt sich, das Zimmer nach den Gesetzen des Feng Shui zu gestalten, um eine schlaffördernde Atmosphäre der Ruhe und Stille ohne Störfelder zu schaffen. Auch große Spiegel und metallische Gegenstände können unter Umständen Ihren Schlaf stören. Es versteht sich von selbst, dass eine gute Matratze und ein geeignetes Bett eine positive Wirkung auf die Schlafqualität hat. Wenn Sie am Morgen regelmäßig ohne erkennbaren Grund mit Rückenschmerzen aufwachen, liegt der Verdacht nahe, dass die Schlafunterlage für Sie nicht optimal ist.

- Für viele Menschen ist die Stellung des Bettes wichtig für einen ruhigen Schlaf, dabei ist sowohl die Stellung innerhalb des Zimmers als auch die Ausrichtung nach den Himmelsrichtungen wichtig. Bei Schlafproblemen oder auch anderen Gesundheitsstörungen empfiehlt es sich, eine geomantische Untersuchung des Schlafzimmers durchführen zu lassen. Oftmals sind Wasseradern oder geomantische Störfelder am Schlafplatz die Ursache. Ein erfahrener Geomant (Rutengänger) wird Ihnen mit Sicherheit den optimalen Schlafplatz und die Stellung Ihres Bettes bestimmen können, Ihr Körper wird es

Ihnen mit einem ruhigeren Schlaf und erfrischtem Aufwachen danken.

• Haben Sie einen regelmäßigen Tag-Nacht-Rhythmus oder wechseln Ihre Schlafzeiten, z.B. durch Schichtdienste oder Aufgaben, die Sie Tag und Nacht beschäftigen, wie eine Krankenpflege oder die Betreuung kleiner Kinder? In diesem Fall wird der Biorhythmus des Körpers ständig aus seinem Gleichgewicht gebracht, und Ein- wie Durchschlafstörungen sind die Folge. Gerade in diesen Fällen kann das Einhalten bestimmter Rituale vor dem Schlafengehen den Körper auf das Umschalten in die Ruhephase programmieren.

Das Schlafbedürfnis ist individuell quantitativ wie qualitativ sehr unterschiedlich. Manchen Menschen reicht eine Nachtruhe von 4 Stunden, andere haben ein viel höheres Schlafbedürfnis und fühlen sich nach 6 bis 8 Stunden Schlaf oder mehr noch müde. Richten Sie Ihre Nachtruhe auf Ihr Schlafbedürfnis ein. Es gibt Menschen, die erst am Abend so richtig in Schwung kommen, so genannte Nachtmenschen, die in der Nacht die besten Ideen haben, und es gibt Menschen, die den Schlaf am frühen Abend brauchen, um am nächsten Tag fit zu sein; jeder soll die Schlafgewohnheiten nach seiner Fasson gestalten. Entscheidend für einen erholsamen Schlaf ist vor allem, dass Sie nach den Aktivitäten des Tages zur Ruhe kommen, abschalten und sich entspannt ins Bett legen. Wenn Sie die Gedanken des Tages nicht loswerden, laufen Sie Gefahr, diese im Schlaf fortzusetzen oder gar nicht erst die notwendige Basis zur Ruhe zu finden.

Praktizieren Sie die Atemübungen der Bauchatmung und

Ausgleichsatmung sowie Meditation vor dem Schlafengehen. Falls Sie sehr angespannt sind, wiederholen Sie vielleicht davor nochmals die Körperübungen des Morgens. Lassen Sie dies zu einem Ritual vor dem Schlafengehen werden, das für Sie die Nachtruhe einläutet. Vermeiden Sie es, danach noch zu lesen oder fernzusehen. Damit wird die Aufmerksamkeit erneut geweckt und der auf Ruhe programmierte Geist aktiviert. Wenn der Schlaf sich nicht sogleich einstellt, genießen Sie zumindest die Ruhe und Entspannung. Allein schon dadurch erholen wir uns und sammeln Kraft. Wenn Ihre Gedanken sich nicht abstellen lassen, nehmen Sie dies bewusst hin. Beobachten Sie, wie die Gedanken kommen und lassen Sie sie im Geiste vorüberziehen. Gehen Sie nicht weiter auf die Gedanken ein, und Sie werden bemerken, dass in dem Moment, in dem Sie Ihre Aufmerksamkeit darauf richten, ob und welche Gedanken Ihnen in den Sinn kommen, immer weniger Gedanken auftauchen.

Ein sehr wichtiger Punkt ist auch die Einstellung zum Schlaf. Schlaf-Unregelmäßigkeiten werden oft erst dadurch problematisch, dass Sie sie als eine Störung bewerten und Ihre Aufmerksamkeit mit solcher Intensität auf das Einschlafen richten, dass Sie nicht mehr in der Lage sind, den für den Schlaf ausreichenden Grad der Entspannung zu erreichen. Schädlich ist vor allem die Sorge um nicht ausreichenden Schlaf. Sie nimmt oft ein solches Ausmaß an, dass diese sorgenvollen Gedanken den Menschen intensiv beschäftigen und im Sinne einer selbst erfüllenden Prophezeiung dann auch der Schlaf nicht eintritt.

MEDITATION

Meditation, oder innere Einkehr, ist eine wichtige Energiequelle für ein erfülltes und tatkräftiges Leben, wenn nicht die wichtigste überhaupt. In der Meditation sammeln und bündeln Sie Ihre geistigen und körperlichen Kräfte, Sie finden den inneren Frieden, die innere Klarheit und die geistige Kraft, die Sie für Ihre äußerlichen Tätigkeiten, aber auch für die Arbeit an sich selbst, um die es in diesem Buch geht, benötigen. In diesem Buch finden Sie eine kleine Sammlung einfacher, kurzer, aber dennoch wirkungsvoller Meditationen, die Sie ohne großen Aufwand erlernen können.[*]

Entscheidend ist aber wie bei allen körperlichen, geistigen und spirituellen Übungen – die Regelmäßigkeit und Beständigkeit. Erwarten Sie keine Wunder von einer einmal im Monat durchgeführten Meditation! Üben Sie lieber täglich, auch wenn es nur zehn Minuten sind, als einmal wöchentlich zwei Stunden. Bereits nach dem ersten Monat *täglichen Übens*, werden Ihnen vielleicht schon kleine Veränderungen auffallen. Sie werden merken, dass Sie auf einmal innerlich gelassener sind, vielleicht nicht mehr so leicht reizbar wie früher, dass Sie länger arbeiten können, ohne zu ermüden, und vieles mehr.

Wenn Sie es geschafft haben, die ersten drei Monate durchzustehen, Ihre innere Trägheit zu überwinden und regelmäßig zu üben, werden Sie »über den Berg sein«, denn dann wird Ihnen die tägliche Praxis so zur Gewohnheit werden wie das tägliche Duschen oder Zähneputzen. Ihr Körper

---

[*] Eine kleine Auswahl der Meditationen aus diesem Buch finden Sie gesprochen auf der CD: »Das Geschenk des inneren Friedens« von Sai Cholleti ISBN 978-3-936862-84-3

wird Sie dann von selbst darauf aufmerksam machen, wenn es Zeit ist, Ihre Übungen durchzuführen.

Es ist sinnvoll, jeder Meditation körperliche Übungen voranzustellen. Damit reinigen Sie die Energiebahnen und alle energetischen Systeme, die den Körper mit der nötigen Energie versorgen und die wir ja schließlich durch die Meditation aktivieren und mit Energie auffüllen wollen. Ebenso, wie es nicht möglich ist, ein volles Glas mit frischem Wasser zu füllen, so ist es nicht möglich, die Energiesysteme Ihres Körpers energetisch aufzuladen, solange sie nicht gereinigt und durchgängig sind.

Morgen-Meditation
für geistige und körperliche Kraft und Übersicht, als Vorbereitung für die Aufgaben des Tages.

Nach einigen körperlichen Übungen und Atemübungen setzen Sie sich in aufrechter Haltung auf einen Stuhl oder ein Kissen. Berühren Sie mit der Zunge den Gaumen.

Beginnen Sie die Meditation immer damit, sich an all die guten Dinge in Ihrem Leben zu erinnern, an all das, wofür Sie dankbar sein können. Gleichzeitig öffnen Sie sich innerlich für neue Erfahrungen und für alles Gute, das zu Ihnen fließt. Stellen Sie sich vertrauensvoll vor, dass Sie stets gut behütet und geleitet werden. Verweilen Sie einen Augenblick in diesem Zustand von Dankbarkeit und Vertrauen.

Konzentrieren Sie sich nun auf den Punkt zwischen Ihren Augenbrauen. Atmen Sie fünf Mal weißes Licht ein und aus. Konzentrieren Sie sich auf Ihren Hals, etwa auf Ihren Kehlkopf. Atmen Sie drei Mal sanft weißes Licht ein und aus. Stellen Sie sich vor, dass dabei Ihre mentale Kraft regeneriert wird.

Entspannen Sie sich zwei bis drei Atemzyklen. Atmen Sie ruhig ein und aus. Achten Sie auf Ihren ganzen Körper.

Konzentrieren Sie sich auf die Mitte Ihrer Brust. Atmen Sie vier bis fünf Mal weißes Licht ein und aus. Fühlen Sie Liebe und Freude. Stellen Sie sich vor, wie Liebe, Güte, Großzügigkeit und Mitgefühl in Ihnen wachsen.

Konzentrieren Sie sich auf Ihren Solarplexus, unterhalb des Rippenbogens. Atmen Sie sieben Mal weißes Licht ein und aus. Konzentrieren Sie sich auf Ihren Nabel. Atmen Sie sieben Mal weißes Licht ein und aus. Konzentrieren Sie sich auf das Ende Ihrer Wirbelsäule. Atmen Sie fünf Mal weißes Licht ein und aus. Stellen Sie sich vor, dass Ihre körperlichen Kräfte regeneriert werden.

Entspannen Sie sich. Atmen Sie ruhig ein und aus. Achten Sie auf Ihren ganzen Körper.

Konzentrieren Sie sich auf Ihre Fußsohlen. Atmen Sie weißes Licht ein. Beim Ausatmen visualisieren Sie, wie das Licht aus Ihren Fußsohlen in die Erde fließt. Sagen Sie: Ich bin geerdet und verwurzelt in Mutter Erde.

Seien Sie still und achtsam. Bedanken Sie sich im Geiste für Ihre neu gewonnenen Kräfte.

Machen Sie einige Körperübungen: schütteln, hüpfen, lockern, damit die Energie sich in Ihrem ganzen Körper verteilen kann und überschüssige Energie freigesetzt wird.

Die drei Säulen körperlicher Vitalität

ERNÄHRUNG & SCHLAF	KÖRPERÜBUNGEN & MEDITATION	ATMUNG
Disziplinierung der Ernährung Morgens: Obst oder Obstsaft, wenn möglich frisch Kleine Portion ballaststoffreicher, gut verdaulicher Kost, z.B. Zerealien	Übungsprogramm 3 x täglich 5–10 Minuten Zusätzlich Ausdauertraining in Form von Jogging, Fitness-Training, Aerobic, Yoga, Tai-Chi und anderen Sportarten nach persönlicher Vorliebe	Bauchatmung 3 x täglich 5 Minuten und zusätzlich bei geistiger und körperlicher Erschöpfung
Mittags: Salat und Gemüse in roher oder wenig gegarter Form, Kohlenhydrate, z.B. Teigwaren, Reis, Kartoffeln Abends: Salat und Gemüse, magerer Fisch oder Fleisch	Meditation (siehe auch Kapitel 3 u. weitere) Morgens zum Krafttanken und zur Einstimmung auf die Aktivitäten des Tages Mittags zur Entspannung Abends zur inneren Einkehr und zum Umschalten auf die Nachtruhe	Ausgleichsatmung 1–2 x täglich 5–7 Atemzyklen Zur körperlichen und geistigen Regenerierung und Erhöhung des Energiepegels Zur Harmonisierung und Aktivierung der Organe und ihrer Funktionen sowie zur Erweiterung der energetischen Aufnahmekapazität
Grundsätzlich vermeiden: Schweinefleisch, auch in Aufschnitt oder Fertiggerichten Aal und alle Fischsorten ohne Schuppen		

2. Das innere Gleichgewicht

Emotionale Verantwortung

Die meisten Menschen glauben, ihre Emotionen seien nicht kontrollierbar, und fühlen sich ihnen ausgeliefert. Wir erleben unsere Emotionen in der Regel als so spontan, dass wir meinen, sie nicht beeinflussen und lenken zu können. Dies ist aber nur ein Teil der Wahrheit. *Emotionen mögen weniger fassbar und schwieriger zu steuern sein, aber sie entstehen ebenso wie die Gedanken in uns selbst.* Des Weiteren sind viele Menschen der Meinung, Emotionen seien eine Art Triebkräfte, die durch Umstände oder andere Menschen quasi reflexartig ausgelöst würden. Das Gefühl des Ärgers, wenn ihnen jemand anders unwirsch begegnet etc., halten viele für eine unvermeidliche, natürliche Reaktion. Die weite Verbreitung dieser Denkweise lässt sich schon an der allgemein vorherrschenden Wortwahl bei der Beschreibung von Emotionen erkennen: »Da hat mich die Angst / die Wut gepackt«, »Das Mitleid hat mich überwältigt«, »Er hat mich geärgert«. Die Wahrheit ist: *Ich* habe mich geärgert. Mein Ärger mag von einem äußeren Ereignis oder einer anderen Person ausgelöst worden sein, aber die Verantwortung für den Ärger liegt nichtsdestotrotz bei mir.

Wir sollten uns klarmachen, dass alle Emotionen von uns selbst erzeugt werden. Dazu ein kleines Beispiel: Erinnern Sie sich an ein glückliches Ereignis! Vielleicht an die Freude über ein gelungenes Projekt oder eine Beförderung, an den letzten romantischen Abend mit Ihrer Freundin oder

Ihrem Freund oder an das strahlende Lächeln Ihrer Kinder an Weihnachten … Automatisch werden Sie feststellen, wie sich die glücklichen Gefühle in Ihnen ausbreiten, obwohl es nur eine Erinnerung war. Sie haben diese Gefühle selbst in sich erzeugt! Genauso werden auch all Ihr Ärger und Zorn, Ihre Verletztheit und Unzufriedenheit etc. von Ihnen selbst erzeugt.

Der Beweis dafür, dass Emotionen beeinflussbar sind, ist auch die Tatsache, dass unterschiedliche Menschen von unterschiedlichen Dingen verärgert oder erfreut sind. Was den einen auf die Palme bringt, lässt den anderen sich vor Lachen kugeln etc. Ist Ihnen nicht auch schon einmal aufgefallen, dass manche Menschen in einer Situation völlig gelassen bleiben, in der Sie schon lange »ausgeflippt« wären? Es ist nicht in unseren Genen angelegt, dass wir auf bestimmte Situationen mit bestimmten Emotionen antworten.

Wenn Sie sich also das nächste Mal über jemanden ärgern oder sich verletzt fühlen, dann denken Sie als Erstes daran, dass Sie selbst in sich dieses Gefühl erzeugen. Unter Umständen war es von Ihrem Gegenüber überhaupt nicht beabsichtigt, diese Gefühle in Ihnen hervorzurufen. Oftmals ärgern wir uns oder fühlen uns verletzt, nur weil wir ungeduldig sind oder an den anderen eine bestimmte Erwartung haben, die dieser nicht erfüllt.

Emotionale Verantwortung bedeutet also, die Ursache unserer Gefühle immer bei uns selbst zu suchen. Wenn Sie spüren, dass ein starkes Gefühl in Ihnen auftaucht, das außer Kontrolle zu geraten droht, versuchen Sie, einen Moment lang innezuhalten, tief durchzuatmen und eine Haltung innerer Distanz, die Rolle des inneren Beobachters, einzunehmen.

Dann fragen Sie sich: »Was hat dieses Gefühl mit mir zu tun, warum habe ich gerade jetzt in diesem Augenblick dieses Gefühl in mir erzeugt?« Durch diese Übung werden Ihnen mit der Zeit Ihre inneren Muster bewusst, die diese oder jene Gefühlsreaktionen in Ihnen auslösen. Im Folgenden werden wir uns noch ausführlicher mit diesen inneren Mustern beschäftigen.

Denken Sie auch daran, dass Gefühle übertragbar sind. Zu Beginn eines Gesprächs waren Sie ganz ruhig, als aber Ihr Chef in Nörgellaune auf Sie zutrat und anfing, sich über dieses und jenes zu beschweren, da wurden Sie plötzlich ebenfalls ärgerlich und gaben ein paar bissige Antworten, obwohl Sie dies gar nicht beabsichtigt hatten. Wenn Sie also merken, dass übermächtige Gefühle eines anderen auf Sie »überzuschwappen« drohen, versuchen Sie innerlich bei sich selbst zu bleiben und sich klar zu machen, dass es sich hier nicht um »Ihren« Ärger handelt, sondern um den Ihres Gegenübers. Lassen Sie sich nicht anstecken und schicken Sie ihn innerlich liebevoll zurück.

Durch die Praxis der in diesem Buch beschriebenen Übungen und Meditationen wird es Ihnen mit der Zeit immer leichter fallen, innere Distanz zu Ihren Emotionen zu bekommen und Sie nach und nach besser zu beherrschen.

Wie erreiche ich emotionale Ausgeglichenheit?

Immer wieder werden Wutausbrüche als eine Möglichkeit der Entlastung fehlgedeutet, werden Emotionen und Kontrollverluste als willkommenes und der Gesundheit dienendes Ventil entschuldigt. *Wir müssen uns klarmachen, dass unkontrollierte Emotionen uns gefühlsmäßig schwächen, unser Denken stören und körperliche Erschöpfung bis hin zu mehr oder weniger schweren Krankheiten zur Folge haben.* Erinnern Sie sich doch einmal an die letzte verbale Auseinandersetzung und wie Sie sich dabei fühlten. Wir wollen die körperlichen Auswirkungen so einer Stresssituation nicht im Einzelnen beschreiben. Sie sind in jedem Fall als negativ und belastend zu betrachten. Ganz zu schweigen von dem, was Sie in Reaktion auf Ihre eigene Unbeherrschtheit hervorrufen, wenn Sie dabei andere verletzen oder bloßstellen. *Wir wollen hingegen einen Zustand des emotionalen Gleichgewichts erreichen und durchgehend, gerade auch in angespannten Momenten, erhalten. Dieser Zustand ist ein Zeichen der inneren Kraft und Ruhe und trägt selbst wiederum zu beidem bei.*

Versuchen Sie dieses Verhalten in jedem Moment zu verwirklichen: in sich zu ruhen, jedem Menschen respektvoll und freundlich zu begegnen, ob Sie ihm nun Ihre Freundschaft bezeugen oder Ihre Grenzen aufzeigen wollen.

Jeder Mensch reagiert unterschiedlich auf gleiche Situationen. Was den einen in Wut ausbrechen lässt, wird von einem anderen kaum wahrgenommen. *Jede emotionale Äußerung rührt immer auch daher, dass etwas in uns zu schwingen beginnt, dass ein Thema im Innern ruht, das angesprochen wird.* Wie im vorigen Kapitel schon gesagt, muss ich den Grund für meinen Ärger, für Trauer und Enttäuschung also nicht bei anderen suchen, sondern am besten zuerst einmal bei mir selbst. Alles, was mir widerfährt, hat einen Grund und eine Vorgeschichte, die in mir selbst liegen.

Bitte schätzen Sie in dem folgenden Fragebogen auf einer Skala von 1 bis 10 ein, wie viel Raum bestimmte Emotionen in Ihnen einnehmen. Der Punkt 1 auf der Skala bedeutet: »Diese Emotion ist mir fremd, verspüre ich so gut wie nie«, 10 steht für: »Dieses Gefühl kenne ich sehr gut, ich empfinde es sehr häufig oder ständig; es ist ein vertrautes Gefühl für mich«. Danach beurteilen Sie bitte auf einer Skala von -5 bis +5, wie nützlich Sie diese Emotion für sich einschätzen. Dabei bezeichnet -5 das Urteil »gar nicht nützlich, sondern sehr schädlich und stark Energie raubend«, + 5 die Bewertung »sehr nützlich und Energie spendend«. In der 3. Spalte tragen Sie bitte jeweils das Produkt aus der Punktzahl der Spalte 1 multipliziert mit dem Wert der Spalte 2 ein. Wenn Ihnen z.B. das Gefühl der Wut sehr vertraut ist und Sie leicht ärgerlich werden und für die Emotion die Ziffer 8 eingetragen haben, den Ärger aber als sehr hinderlich mit der Ziffer –5 in Spalte 2 bewerten, schreiben Sie in die Spalte 3: 8 x (-5) = -40. Am Ende addieren Sie bitte die Punktwerte und berücksichtigen dabei Plus und Minus. Einen Kommentar zur Auswertung finden Sie auf Seite 66.

Emotion:	Wie viel Platz nimmt diese Emotion in meinem Leben ein (1-10)?	In welchem Maß ist diese Emotion mir nützlich bzw. behindert sie mich (-5 bis +5)?	Multiplikation Ausmaß x Nützlichkeit
Hass, Bitterkeit			
Wut, Zorn			
Ärger, Gereiztheit			
Traurigkeit, Selbstmitleid			
Angst			
Antriebslosigkeit			
Schuldgefühl, Scham			
Liebe			
Mitgefühl			
Ruhe, Gelassenheit			
Freude, Heiterkeit			
Zuversicht, Hoffnung			
Motivation, Enthusiasmus			
Zufriedenheit, Glück			
Ergebnis			

Auswertung

Die maximal erreichbare Punktzahl setzt sich zusammen aus 7 x 10 Punkten für die positiven Eigenschaften, die mit +5 multipliziert werden, wenn Sie sie als nützlich und energiespendend für sich erlebt haben, d.h. im besten Fall 350 Punkte. Dann fallen für die negativen Eigenschaften im Idealfall nur 7 x 1 Punkt an, die Sie mit -5 bewerten, d.h., es entsteht eine Punktzahl von -35. Im besten Fall, in dem Sie nur positive Eigenschaften in sich versammeln und von diesen bewusst profitieren, erreichen Sie also eine Punktzahl von +315.

In dem Fragebogen sind jeweils sieben oppositionelle Eigenschaften aufgezählt, die idealerweise für Sie als negativ oder sehr nützlich bewertet werden. Die ideale Punktzahl von 315 drückt den anzustrebenden Zustand der inneren Balance aus. Jede Punktzahl darüber zeigt, dass Sie auch Eigenschaften auf der negativen Seite, die auf Sie blockierend wirken könnten, als positiv bewertet haben. Jede Punktzahl unter 315 zeigt, dass Sie sich auf dem Weg zu einer ausgeglichenen Emotionalität befinden, dass aber noch Reserven vorhanden sind und zu einer Steigerung der inneren Ausgeglichenheit noch emotionale und mentale Qualitäten entwickelt werden können.

Emotionen als Kraftquellen oder als Kraftdiebe

Es gibt keine Relativität in der Bewertung. Bestimmte Emotionen mögen üblich sein und häufig vorkommen, aber sie sind unabhängig davon positiv mit +5 oder negativ mit -5 zu bewerten. So ist jeder einmal traurig, dennoch wirkt diese Stimmung blockierend. Ich kann auch aus solchen vermeintlich schweren Situationen eine bestimmte Erfahrung, die mich weiterbringt, mitnehmen, dennoch ist das Gefühl der Trauer hemmend. Wenn z.B. ein Elternteil stirbt, werden die Kinder den Verlust betrauern. Das Gefühl der Trauer ist üblich und verständlich und für eine kurze Zeit auch völlig in Ordnung. In dem Bewusstsein, dass das Leben endlich ist, in der Erinnerung an die gemeinsam verbrachten Zeiten und aus Dankbarkeit dafür, vor allem aber aus dem Wissen heraus, dass Trauer ein Gefühl ist, das mich auf Dauer hemmt, sollten wir jedoch versuchen, uns nicht in die Schwere fallen zu lassen, sondern uns möglichst bald wieder von der tiefen Traurigkeit und Schwermut zu befreien. Die positive Erinnerung und das Andenken an die verstorbene Person, Dankbarkeit für die gemeinsam verbrachte Zeit und alle daraus gewonnenen Erfahrungen, vielleicht sogar Verehrung oder Würdigung des Verstorbenen sind dabei hilfreich.

Es gibt niemanden, der nicht auch einmal wütend ist: Ihre Wut kann von Ihrem Standpunkt aus auch berechtigt sein, dennoch wirkt sie sich negativ auf Ihre Gefühls- und Gedankenwelt aus und raubt dem Körper Energie und Kraft.

Angst ist ein Überlebensinstinkt und ein von der Natur in uns angelegtes Gefühl, das dazu dient, uns vor Gefahren zu schützen. Aber im Laufe der Evolution haben wir gelernt, präsent, offen und aufmerksam zu sein, und dadurch können wir Gefahren früh erkennen und vermeiden. Das Gefühl der Angst macht in unserer heutigen Zeit keinen Sinn mehr, sondern macht uns unfrei, hemmt uns und lässt uns sinnvolle Risiken meiden.

Kontrolle und Balance

Ziel ist es, alte Muster aufzulösen und die Macht über die eigene Gefühlswelt wiederzuerlangen, so dass Sie in jeder Situation und auf jeden Menschen gelassen und ruhig, liebevoll und freundlich, mit dem nötigen Respekt und der Situation angemessen reagieren können. Emotionen sollen nicht weiter Krafträuber sein, die Sie bei wichtigen Gelegenheiten ablenken, Ihnen die Stimmung verderben und ganze Tage vermiesen. Sie sollen nicht weiter Freundschaften und Partnerschaften gefährden oder gar zerstören, Sie unbeherrscht reagieren und Dinge sagen oder Sie in einer Weise handeln lassen, die eigentlich nicht Ihrem Wesen entspricht und die Sie später bedauern. *Emotionen sollen für Sie ein machtvolles Werkzeug, eine Kraftquelle sein, die Liebe, Freundschaft, positive Leidenschaft und Kreativität in Ihr Leben bringt.*

Ziel ist es, einen Zustand des Gleichgewichts zu erreichen, in dem Sie selbst ruhig und gelassen in der Welt stehen und nicht mehr reflexartig und zwanghaft emotional auf Situationen reagieren. Die lange Schlange vor der Kasse, die Wartezeit bei Ihrem Arzt, der missgünstige Nachbar, das erfolglose Sportteam, der langsame Teamkollege lösen nicht mehr unmittelbar negative, also kraftraubende Emotionen aus, sondern Sie bleiben gelassen und konzentriert und können Ihre positiven Emotionen selektiv einsetzen – in Gesprächen mit Freunden, bei der Anfeuerung eines Teams, im Kollegen- oder Freundeskreis etc. Wann immer Stress, Ärger, Wut, Ungeduld, Angst, Mutlosigkeit oder andere negative Gefühle Sie zu übermannen drohen, wann

immer andere Sie beschimpfen oder versuchen, Sie bloß-
zustellen, wann immer Sie sich durch andere geärgert oder
gereizt fühlen, werden Sie von da an nicht zum Sklaven
ihrer Gefühle, sondern können von Ihrem inneren Ruhe-
pool aus souverän und angemessen reagieren.

Eigene Muster erkennen und verstehen

Wie gelangen Sie in den angestrebten Zustand des emotionalen Gleichgewichts, der inneren Ausgeglichenheit und
Ruhe, und wie schaffen Sie es, ihn sich zu erhalten? Um
sich den Weg zum inneren Gleichgewicht zu verdeutlichen,
dient folgende Übung. Zu jedem der drei gegebenen Bei-
spielsituationen schreiben Sie bitte ehrlich und nach ernst-
haftem Nachdenken auf, wie Sie denken, dass Sie heute
reagieren würden, und danach, wie Sie sich wünschen, sich
in Zukunft zu verhalten.

Praxisbeispiel 1:
Am Buffet in der Betriebskantine tritt ein Arbeitskollege
zu Ihnen und beschuldigt Sie, ihm einen großen Kunden
abgeworben zu haben. Er ist völlig eingenommen von seinem Ärger und steigert sich in eine generelle Anklage gegen
Ihre Person. Vor den Augen Ihrer Kolleginnen und Kollegen wirft er Ihnen Falschheit, Unkollegialität und Hinterlist
vor. Zornadern auf seiner Stirn treten hervor, sein Tablett
zittert und sein immer lauter werdender Redeschwall findet
kein Ende.

Praxisbeispiel 2:

Ein Freund, der seine kranke, bettlägerige Mutter pflegt und unterstützt, berichtet Ihnen bei jeder Gelegenheit ausführlich, welche enormen Opfer er bringen und wie sehr er Verzicht üben müsse. Jedes Gespräch und Zusammensein mit ihm dreht sich stets nur um sein empfundenes Leid und Unglück und wird ganz von seinem Lebensthema belastet. Scherz und Lachen sind ebenso wenig möglich wie die Erörterung anderer Dinge. In jeder Situation versucht er, mit seinem schweren Schicksal im Mittelpunkt zu stehen und ein Maximum an Mitleid auf sich zu ziehen.

Praxisbeispiel 3:

Bei einer Hochzeit ist der Hauptredner verhindert, und als bester Freund des Bräutigams müssen Sie kurzfristig seinen Part übernehmen. Sie möchten eine gute Ansprache halten und Ihre Gefühle und Wünsche adäquat zum Ausdruck bringen, sind als Redner aber gänzlich unerfahren und haben lediglich zehn Minuten Vorbereitungszeit im Hinterzimmer.

Als ersten Schritt der Auswertung betrachten Sie einmal Ihre drei Einträge, wie Sie sich heute verhalten würden. Auch wenn alle Beispiele unterschiedliche Situationen schildern, handelt es sich jeweils um Umstände, in denen die Beherrschung und Steuerung Ihrer Emotionen und der beste Umgang mit ihnen gefragt sind. *Die meisten Menschen reagieren in emotional herausfordernden Konstellationen nach bestimmten Verhaltensmustern, nach inneren Programmen, die in frühester Kindheit geprägt wurden.* Diese Verhaltensmuster gilt es zu erkennen und loszulassen, um aus dem Kreislauf ungewollter, unkontrollierter Emotionen, die sich oftmals durch entsprechende Reaktionen oder durch das Verhalten der Umwelt noch verstärken, zu entkommen.

Das Folgende ist ein Beispiel für antrainierte emotionale Verhaltensmuster: In den USA leben heute mehrere Millionen eingewanderter und eingebürgerter Vietnamesen. Viele von Ihnen eröffnen vietnamesische Restaurants, die von den meisten Amerikanern gern besucht werden. Ab und zu kam es aber schon vor, dass ein Gast, wenn plötzlich ein freundlich lächelnder Vietnamese vor ihm steht, von seinen Emotionen überschwemmt wird und unkontrolliert reagiert: Er bekommt kaum noch Luft, läuft rot an im Gesicht, springt auf und stürzt sich manchmal sogar wütend auf den Kellner oder Besitzer. Des Rätsels Lösung: Es handelt sich um Veteranen des Vietnamkrieges, die noch heute beim Anblick eines Vietnamesen vom damals antrainierten Hass und Killerinstinkt überwältigt werden.

Wenn Sie bemerken, wie Ihre Gefühle Ihnen entgleiten, versuchen Sie, die Situation aus einiger Distanz zu betrachten. *Treten Sie neben sich, in die Rolle Ihres inneren Beobachters und betrachten sich wie einen Schauspieler auf der Bühne.* Dieses Heraustreten und Sichbetrachten können Sie in jeder Situation praktizieren. Damit sind Sie Ihre innerste Instanz, der Kontrolleur und Maßstab Ihres Verhaltens, und Sie sind unabhängig vom Urteil anderer.
Nutzen Sie die Zeit Ihrer abendlichen Übungen und Meditationen zu einer täglichen inneren Einkehr und Reflexion über die Ereignisse des Tages. Denken Sie über Ihre Erfolge

und Fehler nach. Wo und wann gerieten Ihre Emotionen außer Kontrolle und warum? Wo und wann haben Sie sich vorbildlich nach den Grundsätzen der Freundlichkeit, Hilfsbereitschaft und Großzügigkeit verhalten und wann nicht und warum nicht? *Seien Sie ehrlich mit sich, aber nicht streng und verurteilend. Versuchen Sie herauszufinden, welche inneren Muster Ihrem Verhalten zugrunde liegen.* Mit der Zeit wird Ihnen Ihre innere Stimme (siehe Kapitel 5) dabei helfen, und je mehr Sie sich ehrlich beobachten und über Ihr Verhalten reflektieren, desto klarer werden Sie Ihre emotionalen Muster und »Programme« erkennen.

Innere Muster auflösen und ersetzen

Wenn Sie erst einmal verstanden haben, wo die Ursachen für Ihr Verhalten liegen und welche inneren »Programme« ablaufen, dann akzeptieren Sie diese einfach und verzeihen Sie sich selbst Ihre Fehler, genau wie Ihrem Gegenüber. *Wenn Sie Ihre emotionalen Muster erkennen und annehmen, wird es Ihnen leicht fallen, diese loszulassen.* Sprechen Sie im Geiste mit Ihren Emotionen, liebevoll aber bestimmt, wie ein guter Lehrer mit seinen Schülern. Sagen Sie jenen, die Sie nicht mehr haben wollen, dass Sie sie nicht mehr brauchen, und dass sie jetzt gehen können. Stellen Sie sich vor, dass Sie, Ihr innerstes Selbst, Ihr innerer Beobachter, der Dirigent sind, und Ihre Gefühle sind die Musiker des Orchesters. Nur durch die sanfte, aber bestimmte Leitung des Dirigenten werden Wohlklang und Harmonie ermöglicht.

Versuchen Sie sich immer wieder bewusst zu machen und bildlich vorzustellen, wie Sie in der gegebenen Situation das Richtige oder Angemessene tun. Kreieren Sie sozusagen für den Akteur auf der Bühne eine Rolle und imaginieren Sie das Schauspiel in dieser Variante. Mit der Zeit werden Sie immer mehr innere Achtsamkeit entwickeln und immer schneller Ihre emotionalen Muster erkennen, wenn diese durch eine Situation ausgelöst werden. Sie werden dann auch immer besser in der Lage sein, innezuhalten und unkontrollierte Gefühlsäußerungen, die Sie hinterher vielleicht bereuen würden, zu verhindern.

Verwenden Sie auch die Affirmation zum Auflösen negativer Gedanken- und Gefühlsmuster, die wir Ihnen in Kapitel 4 vorstellen.

Sie müssen sich beständig und konsequent mit Disziplin, aber gleichzeitig mit Gelassenheit um Selbstkontrolle bemühen. Entscheidend dabei ist die Beständigkeit Ihrer Bemühungen, das bedeutet, dass Sie sich nicht von Ihren Fehlern entmutigen lassen (»jeder macht mal Fehler«), sondern immer wieder von Neuem versuchen, an sich zu arbeiten.

Machen Sie sich klar, dass es keinen Grund für Hast und sich selbst unter Druck zu setzen gibt. Jedes Ziel, ob es darum geht, an Ihrem Verhalten oder Ihrer Haltung zu arbeiten oder eine berufliche Aufgabe zu erfüllen, erreichen Sie letztendlich zuverlässiger, vollständiger und leichter, wenn Sie gründlich, diszipliniert und planvoll, zügig, aber nicht hastig vorgehen.

Beginnen Sie den Tag bereits in Ruhe. Versuchen Sie, den Ablauf des Morgens, die Zeit für Übungen, Meditationen, die für Sie erforderliche Zeit für Körperhygiene, Frühstück, Gespräche und Aufgaben mit und für die Familie so zu planen, dass keine Hektik und Unzufriedenheit entsteht. Seien Sie andererseits immer darauf gefasst, dass der Tag jederzeit einen ganz anderen Ablauf erfordern kann. Bleiben Sie flexibel und entwerfen Sie mit jeder Änderung rasch eine andere Tagesstruktur. Viele Menschen geraten schon dadurch in Stress, dass Sie den üblichen Tagesablauf ändern müssen. *Seien Sie immer offen, in guter Stimmung und sehen Sie jeden unverhofften Verlauf als eine neue Erfahrung.* Lassen Sie sich durch nichts, auch nicht durch unverhofft auftretende Probleme, notwendige Umorganisationen, unerwartetes Verhalten anderer oder sonstige Überraschungen, aus der Ruhe und aus Ihrem Stimmungsgleichgewicht bringen. Im Gegenteil, bemühen Sie sich, die Ihnen nun innewohnende Ruhe in Ihrer Umgebung zu verbreiten und für eine gute Stimmung und ausgeglichene Atmosphäre zu sorgen. Wenn Ihnen dies schwer fällt, erinnern Sie sich an die morgendliche Meditation, in der Sie Ihre inneren und äußeren Kräfte mobilisiert haben. *Gerade krisenhafte und schwierige Situationen können Ihnen als Prüfung dienen, ob Sie den erwünschten Zustand des inneren Gleichgewichts bereits erreicht haben. In diesem Sinne begrüßen Sie jede dieser Situationen als Herausforderung und als Training.* Auch wenn Ihnen das angestrebte Verhalten nicht immer gelingt, seien Sie nachsichtig mit sich. Sie werden feststellen, dass nach konsequentem Bemühen und Anwendung der Maßgaben des Buches die Gelassenheit und innere ruhige Kraft beständig zunimmt und Sie letztendlich jede schwierige oder anderweitig aufregende Situation mit Leichtigkeit und in bester Weise lösen werden.

Im Folgenden erhalten Sie die Anleitung für eine kurze Meditation, mit der Sie Ihren inneren Frieden finden, zu dem Sie sich jederzeit zurückziehen können. Diese Meditation, für die Sie nicht mehr als 5 bis 10 Minuten veranschlagen müssen, eignet sich bestens für den Beginn des Tages, um innere Gelassenheit zu erlangen, und ebenso, um am Abend zur Ruhe zu kommen. Am Morgen ist es empfehlenswert, den meditativen Zustand zu nutzen, um sich in allen Einzelheiten auf den Tag vorzubereiten. Wie im ersten Kapitel bereits erwähnt, ist es ratsam, die Meditation regelmäßig zu absolvieren. Gerade in der Regelmäßigkeit der Anwendung liegt die Effektivität.

MEDITATION FÜR INNEREN FRIEDEN[*]

Nach einigen körperlichen Übungen und Atemübungen setzen Sie sich mit dem Rücken aufrecht auf einen Stuhl oder ein Kissen. Berühren Sie mit der Zunge den Gaumen. Beginnen Sie die Meditation wie immer damit, sich an all die guten Dinge in Ihrem Leben zu erinnern, an all das, wofür Sie dankbar sein können. Gleichzeitig öffnen Sie sich innerlich für alles Gute, was zu Ihnen fließt, und für neue Erfahrungen. Stellen Sie sich vertrauensvoll vor, dass Sie stets gut behütet und geleitet werden. Verweilen Sie einen

---

[*]Diese Meditation von Sai Cholleti ist auch auf CD gesprochen im KOHA-Verlag erhältlich.

Augenblick in diesem Zustand von Dankbarkeit und Vertrauen.

Atmen Sie tief ein und langsam aus, bleiben Sie still und bewusst, achten Sie auf Ihren Atem, Ihre Gedanken und Ihren physischen Körper. Atmen Sie ganz normal.

Erinnern Sie sich in aller Ausführlichkeit an einen glücklichen Moment in Ihrem Leben. Vielleicht an einen Moment, als Sie jemandem geholfen haben oder als Sie verliebt waren. Genießen Sie diesen glücklichen Moment mit einem Lächeln, das von Herzen kommt.

Fühlen Sie, wie die Freude und das Glück sich in Ihnen ausbreiten. Verweilen Sie bei diesem glücklichen Moment, spüren Sie das Glück in Ihrem Herzen und auch, wie sich die glücklichen Gedanken in Ihrem Kopfbereich ausbreiten. Genießen Sie Ihre positiven Gedanken und Gefühle der Freude.

Ganz sanft konzentrieren Sie sich nun auf einen Punkt ungefähr 20 cm über Ihrem Kopf und visualisieren Sie dort ein weißes Licht. Beim Einatmen konzentrieren Sie sich auf das Licht. Beim Ausatmen lenken Sie Ihr Bewusstsein auf Ihren gesamten physischen Körper und kehren ganz sanft zu ihm zurück.

Ganz sanft heben Sie die Hände auf die Höhe Ihrer Brust. Mit ganz viel Liebe aus Ihrem Herzen segnen Sie Ihre Familie, Ihre Freunde, Ihre Mitarbeiter und Kollegen mit guter Gesundheit, mit Frieden und Harmonie. Segnen Sie sie mit innerem Glück, mit viel Verständnis, mit Spiritualität und mit Wohlstand. Segnen Sie auch Ihre eigenen Wünsche, dass diese sich manifestieren.

Langsam bringen Sie Ihre Hände zurück, konzentrieren Sie sich auf Ihren Atem und gleichzeitig seien Sie sich Ihres ganzen physischen Körpers bewusst. Fühlen Sie die Stille und den Frieden.

Atmen Sie tief ein und aus, mit dem Bewusstsein auf den gesamten physischen Körper.

Öffnen Sie langsam wieder Ihre Augen und bewegen Sie Ihre Hände und Füße. Bedanken Sie sich im Geist für die Freude und den inneren Frieden.

SELBSTHEILUNGSMEDITATION[*]

Nach einigen körperlichen Übungen setzen Sie sich mit dem Rücken aufrecht auf einen Stuhl oder ein Kissen. Berühren Sie mit der Zunge den Gaumen.

Beginnen Sie die Meditation wie immer damit, sich an all die guten Dinge in Ihrem Leben zu erinnern, an all das, wofür Sie dankbar sein können. Gleichzeitig öffnen Sie sich innerlich für alles Gute, was zu Ihnen fließt, und für neue Erfahrungen. Stellen Sie sich vertrauensvoll vor, dass Sie stets gut behütet und geleitet werden. Verweilen Sie einen Augenblick in diesem Zustand von Dankbarkeit und Vertrauen.

Atmen Sie tief ein und heben Sie dabei den Bauch. Beim Ausatmen senkt sich die Bauchdecke.

Konzentrieren Sie sich auf einen Punkt ungefähr 20 cm über Ihrem Kopf, visualisieren Sie dort ein weißes Licht oder sagen Sie sich mental, dass dort ein weißes Licht ist. Konzentrieren Sie sich auf das Licht und bleiben Sie still und bewusst.

*Die Selbstheilungsmeditation wurde im Wesentlichen übernommen von der CD: Master Choa Kok Sui: »Meditation über zwei Herzen und Selbstheilungs-Meditation« – KOHA-Verlag. Wir danken für die freundliche Genehmigung zum Abdruck.

Ganz sanft fließt das weiße Licht nach unten in Ihren Kopf. Ihr ganzer Kopf, Ihr Gehirn, alle Drüsen im Kopf sind erfüllt von diesem weißen Licht, sind regeneriert und leuchten hell.

Langsam fließt das Licht nach unten zu Ihrer Stirn, Ihr ganzes Gesicht und Ihre Stirn sind erfüllt von diesem weißen Licht und leuchten hell. Langsam fließt das Licht weiter nach unten zu Ihrem Nacken und Ihrem Hals, zu Ihrem Oberkörper, Ihrer Brust und Ihren Lungen. Ihre Lungen sind erfüllt von diesem weißen Licht, sind regeneriert und strahlen hell.

Langsam fließt die Energie weiter durch die Wirbelsäule, durch die Brust und langsam in Ihren Bauchbereich. Ihre ganzen inneren Organe, Bauch und Unterbauch sind erfüllt von diesem weißen Licht, sind regeneriert, funktionieren in Harmonie und strahlen hell.

Langsam fließt die Energie durch Ihre Schultern, Ihre Oberarme und Ihre Finger. Beide Arme sind regeneriert und leuchten hell.

Die Energie fließt weiter nach unten zu Ihrem Unterkörper, zu Ihren Beinen, Ihren Knien und Ihren Füßen. Ihr ganzer physischer Körper, jede Zelle in Ihrem Körper ist erfüllt von diesem weißen Licht und strahlt hell.

Richten Sie bewusst die Aufmerksamkeit auf Ihre Fußsohlen: Das weiße Licht fließt weiter durch Ihre Fußsohlen in Mutter Erde. Mental sagen Sie, dass Sie verwurzelt sind mit Mutter Erde.

Atmen Sie tief ein, konzentrieren Sie sich auf das Licht über Ihrem Kopf. Atmen Sie aus mit dem Bewusstsein auf den gesamten physischen Körper. Wiederholen Sie diesen Zyklus 4 bis 5 Mal.

Bedanken Sie sich im Geiste für die Heilung und für gute Gesundheit.

Es wäre empfehlenswert, sich einmal in der Woche Zeit für eine ausgiebigere Einkehr zu Ihrer inneren Mitte zu gönnen. Sie sorgt für innere Sammlung, Konzentration, Stärkung und Steigerung Ihrer Schaffenskraft und eines positiven Lebensgefühls. Sie dient vor allem auch dazu, mentale und emotionale Blockierungen zu lösen und ungünstige Verhaltensmuster zu erkennen und aufzulösen. In den folgenden Kapiteln finden Sie auch hierzu Anleitungen. Am besten, Sie legen diese Meditation immer auf den gleichen Wochentag. Wählen Sie dazu einen Tag, an dem Sie nicht unter Zeitdruck stehen.

Der Kraftkreislauf des emotionalen Gleichgewichts

Herr der eigenen Emotionen zu werden und zu bleiben ist eine lebenslange Aufgabe, deren Meisterung beständiges Bemühen und immer wieder kritische und ehrliche Selbstreflexion erfordert. Die folgende Grafik des Kraftkreislaufs kann Ihnen dabei insofern eine Hilfe sein, als an ihm deutlich wird, dass das Meistern eines Details die Überwindung einer anderen Herausforderung erleichtert usw. Jeder Pfeil steht für einen positiven Zusammenhang. Das bedeutet, Erfolg beim Ausgangspunkt fördert Erfolg beim Zielpunkt. Es bedeutet aber auch, dass Misserfolg beim Ausgangspunkt einen Erfolg beim Zielpunkt erschwert. Ob und wie viel Nutzen Sie aus den Kreisläufen ziehen, hängt davon ab, ob Sie aktiv mit ihnen arbeiten. Sie könnten z.B. jedem Punkt eine Wertung von + +, +, 0, - oder - - vergeben, je nachdem, für wie weit verwirklicht Sie diesen Punkt in Ihrem Leben halten. An einigen Stellen wird Ihnen daraufhin möglicherweise ein Licht aufgehen, warum Ihnen manche Dinge bis heute so besonders schwer fallen. Vielleicht haben Sie ja auch Lust, diese dargestellten Kraftkreisläufe für sich zu individualisieren, neue Punkte und Pfeile einzubauen. Kreisläufe sind ein wertvolles Werkzeug, um sich zu vergegenwärtigen, wie in unserem Leben alles miteinander zusammenhängt, wie eines etwas anderes bedingt und welche Faktoren für unser Glück und unseren Erfolg wichtig sind. Im Gegensatz zu Listen, in denen Sie einfach nur sammeln, was Sie ändern und was Sie erreichen wollen, stellen uns Kreisläufe vor die Herausforderung, uns mit den Wechselwirkungen verschiedener Faktoren auseinanderzusetzen. Nehmen Sie sich also ruhig etwas Zeit und arbeiten Sie aktiv mit den folgenden Kraftkreisläufen.

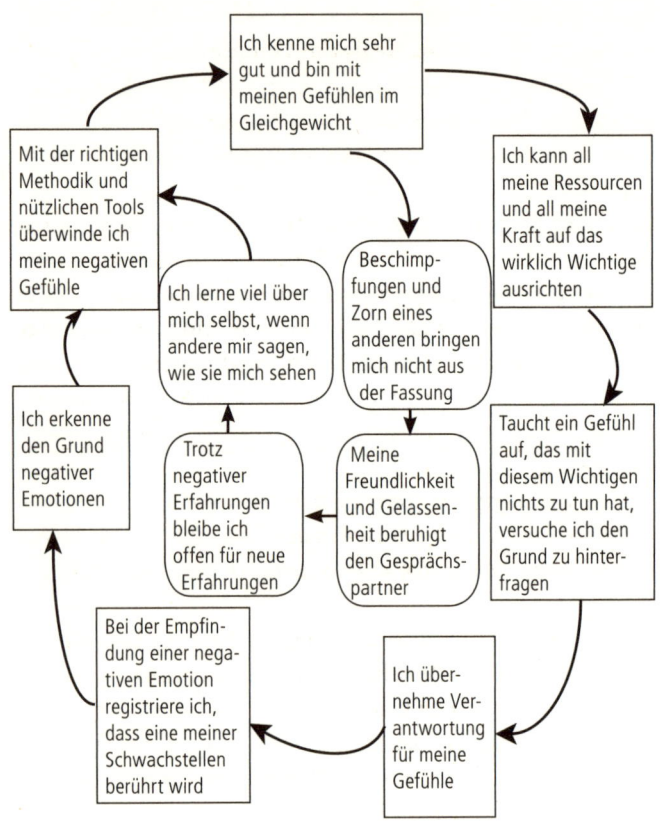

Ich kenne mich sehr gut und bin mit meinen Gefühlen im Gleichgewicht

Mit der richtigen Methodik und nützlichen Tools überwinde ich meine negativen Gefühle

Ich kann all meine Ressourcen und all meine Kraft auf das wirklich Wichtige ausrichten

Ich lerne viel über mich selbst, wenn andere mir sagen, wie sie mich sehen

Beschimpfungen und Zorn eines anderen bringen mich nicht aus der Fassung

Ich erkenne den Grund negativer Emotionen

Trotz negativer Erfahrungen bleibe ich offen für neue Erfahrungen

Meine Freundlichkeit und Gelassenheit beruhigt den Gesprächspartner

Taucht ein Gefühl auf, das mit diesem Wichtigen nichts zu tun hat, versuche ich den Grund zu hinterfragen

Bei der Empfindung einer negativen Emotion registriere ich, dass eine meiner Schwachstellen berührt wird

Ich übernehme Verantwortung für meine Gefühle

82

3. Die Kraft des Herzens

Die Magie des »Ich und Du«

Niemand von uns lebt ganz für sich allein. In allen Bereichen des Lebens, also in Beruf, Partnerschaft, Familie und Freizeit begegnen wir anderen Menschen. Ohne diese Erfahrung der Dualität, des »Ich und Du«, wäre der Mensch in einem Vakuum, einem erfahrungslosen Raum gefangen, in dem das Menschsein an sich völlig sinnlos wäre.

Erst in der Begegnung mit dem »Du« wird das Leben zur Erfahrung, zum wahren »Abenteuer Menschsein«. Das »Du« ist der Spiegel, durch den wir uns selbst in der Welt erleben.

Deshalb können wir in jeder Begegnung mit einem anderen Menschen, in jeder Beziehung, in die wir zu einem anderen oder zu einem sozialen Gebilde treten, etwas über uns selbst erfahren. Umgekehrt lautet die Schlussfolgerung, dass wir nur über die Arbeit an uns selbst unsere Beziehungen zu unseren Mitmenschen verändern können.

Das Geheimnis des Erfolgs

Gerade in unseren Breitengraden schreibt man dem Erfolg oft Attribute wie Rücksichtslosigkeit, Unehrlichkeit, Egoismus und andere negative Eigenschaften zu, mit denen wir vermeintlich unsere eigennützigen Ziele durchgesetzt haben.

Die Wahrheit ist aber, dass sich insbesondere glückliche und erfolgreiche Menschen durch ein hohes Maß an Respekt, Freundlichkeit und Rücksichtnahme gegenüber anderen auszeichnen.

Nicht der rücksichtslose Einzelkämpfer, sondern der umsichtige Teamarbeiter ist der Prototyp des zufriedenen, ausgeglichenen und wohlhabenden Menschen. Nicht gegen, sondern nur mit anderen Menschen lassen sich Lebensziele, Wünsche und Visionen verwirklichen. Wenn es Ihnen gelingt, andere Menschen zu inspirieren und zu begeistern und deren Qualitäten zu würdigen, können Sie erreichen, was allein unmöglich scheint.

Neben der beruflichen Karriere gehören für die meisten Menschen echte Freundschaft, von Liebe erfüllte Partnerschaft, wohlwollender Respekt und Hilfsbereitschaft vonseiten der Menschen in ihrem Umfeld zu den Bedingungen des Glücks. Wenn sich aber offensichtlich fast jeder Mensch nach tiefen zwischenmenschlichen Beziehungen, wahrer Liebe, echter und bedingungsloser Freundschaft sehnt, warum erreichen diesen Zustand dann so wenige und was ist ihr Geheimnis? *Unter welchen Bedingungen können wir Respekt, Hilfe und Unterstützung von anderen erwarten? Wann fühlen sich andere zu mir hingezogen, so dass echte Freundschaften und innige Partnerschaften zustande kommen?* Die Antwort ist einfach und doch schwierig.

Viele Menschen beklagen sich über die Art und Weise, wie andere Menschen ihnen begegnen. Mag sein, der Busfahrer mustert Sie abfällig und fährt los, während Sie noch mitten im Gang stehen, die Frau von der Postabteilung knallt Ihnen im Büro Ihre Zuschriften wortlos auf den Tisch, ein Kollege hat Sie zu spät über die heute angesetzte Präsentation informiert und Ihr Chef traut Ihnen nichts zu und gibt das neue Projekt an jemand anderen. Selbstverständlich gelingt an einem solchen Tag rein gar nichts. Die Welt hat sich scheinbar gegen Sie verschworen. In Wirklichkeit aber sind Sie selbst Urheber dieser vermeintlichen Verschwörung, manchmal ist sie auch nur Einbildung, ein Streich, den Ihnen Ihre negativen Gedanken spielen. Der Busfahrer reagiert nur deshalb so rücksichtslos, weil Sie beim Bezahlen unhöflich und ärgerlich waren. Die Frau von der Postabteilung reagiert ebenfalls nur auf Ihre mürrische Art, mit der Sie sie stets behandeln. Ihrem Kollegen ist nur ein menschlicher, verzeihlicher Fehler unterlaufen, und Ihr Chef wollte einfach einmal die Belastbarkeit des neuen Mitarbeiters testen. Dass er Ihnen angeblich nichts zutraut, war nur Ihre eigene Interpretation.

Die Goldene Regel

Wir selbst sind dafür verantwortlich, wie Leute uns begegnen, denn wir können frei darüber entscheiden, wie wir ihnen begegnen.

»Wie man in den Wald hineinruft, so schallt es heraus«, lautet eine altbekannte Binsenweisheit. Aus dem Physikunterricht ist uns bekannt, dass »actio gleich reactio« ist. Wir sollten uns klarmachen, dass die Naturgesetze, die in der physischen Welt gelten, gleichermaßen in der subtileren Welt der Gedanken und Gefühle wirksam sind.

Wenn wir anderen geben, was wir selbst wollen, werden auch wir es erhalten. Helfen wir anderen, wird auch uns geholfen. Öffnen wir uns für ehrliche Freundschaften und verhalten uns dementsprechend, werden sie auch entstehen. Sind wir bereit, einen anderen Menschen ganz und mit voller Hingabe bedingungslos zu lieben, verdienen und bekommen auch wir diese Liebe.

Der Schlüssel zu erfüllten, tiefen, ehrlichen zwischenmenschlichen Beziehungen liegt in uns selbst und unserem eigenen Verhalten.

Sie haben es vollständig selbst in der Hand, Ihre Beziehungen zur Umwelt zu gestalten. Auch hier gilt, am wichtigsten ist es, beständig und diszipliniert an sich selbst zu arbeiten. Es ist ein weit verbreiteter Trugschluss, dass menschliche und zwischenmenschliche Qualitäten Teil unseres Charakters sind und nicht oder nur schwer verändert werden können. Unser Charakter wird nicht von unseren Genen bestimmt, und es ist schon den ruchlosesten Egomanen gelungen, sich zu liebevollen, freundlichen Menschen zu entwickeln. Also kann es auch Ihnen gelingen, charakterliche Defizite zu überwinden und ein stets liebevoller, freundlicher, respektvoller, aufmerksamer und hilfsbereiter Mensch zu werden, womit Sie sich alle mentalen und emotionalen Voraussetzungen für persönliches Glück schaffen.

Verzeihen und Vergeben

Bevor wir uns aber im Einzelnen mit diesen positiven Eigenschaften beschäftigen, die es zu entwickeln gilt, müssen wir erst unser Herz von alten Lasten befreien. Erst wenn unser Herz von altem Schmerz, von Trauer und Groll befreit ist, kann es seine volle Kraft entfalten und dadurch in uns die positiven Eigenschaften wie Herzensgüte, Liebe, Mitgefühl und Großzügigkeit stärker zur Geltung kommen lassen.

Stellen Sie sich vor, Sie wären zwei Wochen vor Ihrer Hochzeit von Ihrer geliebten Verlobten unverhofft verlassen worden. Das ganze Fest war bereits organisiert. Nun mussten Sie die Gäste wieder ausladen, die Geschenke zum Teil zurückgeben und jedes Mal die Geschichte des vor der Hochzeit verlassenen Ehemannes erzählen. Sie sind nicht nur allein und verlassen, auch das Gefühl, gedemütigt und bloßgestellt worden zu sein, hält sich beständig. Es vereinnahmt Sie dermaßen, dass Sie selbst nach langer Zeit noch voller Misstrauen und nicht mehr in der Lage sind, eine neue Liebesbeziehung entstehen zu lassen. Erst nachdem Sie Verständnis für das Verhalten Ihrer Ex-Verlobten aufbringen konnten und ihr von ganzem Herzen vergeben haben, ist ein normaler Umgang mit ihr wieder möglich, und Sie sind in der Lage, sich auch anderen Menschen ohne hemmende Befürchtungen aufs Neue zu öffnen.

Alle negativen Gefühle wie Groll, Verbitterung und Hass wirken wie ein Gift und verhindern eine offene und unbeschwerte Haltung anderen Menschen gegenüber. Bei langem Bestehen

*haben sie nicht selten schwere und chronische Krankheiten zur
Folge.*

Um frei und unbeschwert zu sein, alle Ihre Fähigkeiten zu
entfalten und Neues zu lernen, um alle Ihre Reserven nutzen zu können und um wirklich unbeschwert glücklich und
zufrieden zu sein, ist es unbedingt notwendig, dass Sie traumatische Erlebnisse und Verletzungen vergeben und vergessen. Es ist leicht dahingesagt: »Ich vergebe dir.« Aber vergessen und wirklich abhaken können Sie solche Ereignisse
nur, wenn Sie wahrhaft und von ganzem Herzen vergeben
haben. Wichtig ist in diesem Zusammenhang, Vergessen
nicht mit Verdrängen zu verwechseln. Dinge, die nicht
wirklich verarbeitet und vergeben sind, verschwinden zwar
aus dem Tagesbewusstsein, schwelen aber unterschwellig
im Unterbewusstsein weiter. Man merkt dies zuverlässig
daran, dass bei der Erinnerung an das betreffende Ereignis sofort die ursprünglichen Emotionen wie Verletztsein,
Trauer, Schmerz, Wut etc. wieder hochkommen. Hat man
die Begebenheit tatsächlich vollständig verarbeitet, vergeben und verziehen, dann kann man sich völlig emotions-
los, d.h. heiter und gelassen und mit innerer Distanz daran
erinnern.

*Dies ist schwer, eine der schwersten Aufgaben unseres Lebens,
und dabei doch unerlässlich und so wichtig! Sonst tragen Sie
die verletzten Gefühle wie eine schwere Last mit sich herum,
möglicherweise ein Leben lang.*

*Allein durch inniges und ehrliches Vergeben können Sie sich
von dieser Last befreien.*

Viele Menschen tun sich schwer damit, zu verzeihen, weil sie meinen, eine Richterrolle einnehmen und nach Täter und Opfer unterscheiden zu müssen. Es ist aber müßig, Schuld zuweisen zu wollen, und vor allem ist es unerheblich für Ihr Wohlergehen. Wenn Sie einsehen, dass auch Sie ein Teil der Verantwortung trifft, umso besser, denn dies wird Ihnen das Ganze leichter machen. Aber unabhängig davon, wie groß der jeweilige Anteil aller Betroffenen an dem besonderen Ereignis ist, und unabhängig davon, ob Sie sich überhaupt in der Lage fühlen, einzelnen Personen ihre ganz spezielle Rolle und Bedeutung dabei zuzuordnen, ist es einzig und allein wichtig, dass Sie von Ihrer Seite aus den Vorgang klären und abschließen können, indem Sie gegebenenfalls Ihren Teil der Verantwortung akzeptieren und der oder den anderen Personen vollständig vergeben.

Manchmal fühlen sich Betroffene dermaßen tief verletzt, gekränkt und gedemütigt, dass sie meinen, ihm oder ihr »könnten sie nie im Leben vergeben«. Aber ganz gleich, wie schwer oder gar unmöglich es Ihnen auch erscheinen mag, ein traumatisches Erlebnis zu vergeben, wenn Sie nicht die beschriebenen psychischen und oft auch körperlichen Konsequenzen tragen wollen, müssen Sie in Ihrem ureigensten Interesse einen Weg dazu finden. Am Anfang steht also – auch wenn Sie sich das jetzt noch kaum vorstellen können – die Entscheidung, sich zu bemühen, derjenigen Person zu verzeihen. Denken Sie daran, dass Sie es vor allem für sich und Ihr eigenes Wohlergehen tun. Wenn Sie an Ihren verletzten Gefühlen festhalten – sozusagen »aus Rache« –, so bestrafen Sie sich selbst und schaden sich mehr als dem Täter.

Innerlich einem anderen zu verzeihen bedeutet aber nicht, dass man beispielsweise eine Straftat nicht zur Anzeige bringen sollte. Das auf der äußeren Ebene geltende Recht und Gesetz zur Verfolgung eines Straftäters wird davon natürlich nicht beeinträchtigt, sonst würde ja unsere staatliche Ordnung in sich zusammenfallen. Bestehen Sie auf der äußeren Ebene durchaus auf Ihrem Recht, wenn nötig auch mit gerichtlichen Mitteln, aber verzeihen und vergeben Sie innerlich, von ganzem Herzen.

Gelegentlich sind Menschen nicht selbst Opfer von Verletzung oder Demütigung, sondern erleben das Leid einer geliebten Person mit und tun sich nun schwer, diese Erfahrung zu verarbeiten und den daran beteiligten Menschen zu vergeben.

Besonders schwer erträglich ist es, das Leid von Kindern oder hilflosen Personen mitzuerleben. Stellen Sie sich vor, Sie stehen als Betreuerin eines behinderten Kindes dessen Mutter gegenüber, die in einem Moment der Überforderung das Kind geschlagen und verletzt hat. Sie können ihr diese grausame Tat gerade angesichts der Hilflosigkeit des Kindes nur schwer verzeihen. Die Mutter bemüht sich, das bisher gute Verhältnis zu Ihnen wieder herzustellen. Das Kind lebt weiter bei ihr. Es ist wichtig, dass Sie Ihr Verhältnis zu der Mutter entlasten, da Ihre Wut und Ihr Hass gegenüber der Mutter Sie quält und Sie bei der Ausübung Ihrer Aufgabe als Betreuerin behindert. Ein weiterer tätlicher Übergriff ist nicht zu befürchten, und auch an der Versorgung des Kindes ist nichts mehr auszusetzen. Dennoch fällt es Ihnen schwer, das Ereignis zu vergessen. Sie haben aber nicht über das Verhalten der Frau zu richten. Üben Sie Barmherzigkeit und rufen Sie sich die Fehlbarkeit aller Menschen ins Gedächtnis. Mit Nachsicht und Verständnis für alle Seiten und in der Erkenntnis, dass es notwendig ist, sich selbst von den Sie belastenden Emotionen zu befreien, kann es Ihnen gelingen, der Frau wirklich zu verzeihen und gerade im Interesse des schutzbedürftigen Kindes wieder eine gute Basis für seine gemeinsame Betreuung zu schaffen. Vielleicht kann sich die Mutter dann, bevor Sie erneut überfordert ist, Hilfe suchend an Sie wenden.

Auch in solchen Fällen, in denen Sie scheinbar nur indirekt betroffen sind, können tiefgreifende Traumata mit den beschriebenen schädlichen Langzeitwirkungen die Folge sein. Auch hier ist Vergebung, Klärung und ein Abschließen der Situation notwendig. Spätestens jetzt sollte deutlich werden, dass es nicht um Richten oder Gerechtigkeit, sondern um Selbstheilung geht. Auch als nicht direkt Betroffene/r, auch ohne Opfer oder Täter gewesen zu sein, können Sie einer Person gegenüber Groll oder Hass empfinden oder jemandem ständig mit großer Traurigkeit begegnen, was sich negativ und belastend nicht nur für Sie selbst, sondern auch im Kontakt mit allen Beteiligten auswirkt.

Im Allgemeinen hilft es, sich noch einmal in Erinnerung zu rufen, wie fehlerhaft der Mensch von Natur aus ist und dass wir alle in unserem Leben bisweilen andere Menschen kränken, verletzen und demütigen.
Auch für unsere Verfehlungen hoffen wir auf das Verzeihen anderer. Aber entscheiden können wir nicht für die anderen, sondern nur für uns selbst. Bringen Sie den anderen Liebe und Verständnis entgegen. Vielleicht auch Mitgefühl

und Bedauern für die Folgen, die sie aufgrund ihres Verhaltens zu tragen haben. Vergeben Sie die erlittene Verletzung von ganzem Herzen. Wenn Ihnen dies mit der Zeit gelingt, hat das Erlebnis seine traumatische Wirkung verloren. Wie viele alte Menschen können nicht von dieser Welt gehen, weil Konflikte unerledigt geblieben sind, das heißt, weil sie nicht in der Lage sind, Schuldzuweisungen und Groll aus dem Weg zu räumen.

Die folgende Übung, zu der Sie einen stillen Moment und Ort benötigen, sollten Sie regelmäßig praktizieren. Sie werden merken, um wie viel »leichter Ihnen ums Herz« wird, wie körperliche Beschwerden verschwinden und wie viel mehr Energie Ihnen plötzlich zur Verfügung steht.

MEDITATION ZUM VERZEIHEN UND VERGEBEN

Setzen Sie sich bequem auf einen Stuhl, die Hände offen auf Ihrem Schoß, der Rücken gerade, die Zunge an Ihrem Gaumen.

Konzentrieren Sie sich aufs Herzzentrum (die Mitte Ihrer Brust) und erinnern Sie sich an einen glücklichen Moment in Ihrem Leben.

Denken Sie an einen Menschen oder mehrere Menschen, die Sie einmal verletzt haben.

Sagen Sie diesem oder diesen Menschen im Geiste: »Ich akzeptiere meinen Anteil an dieser Situation und vergebe dir/euch und auch mir selbst von ganzem Herzen. Ich lege diesen Vorfall ab in meinem Lebensaktenordner der Vergangenheit, endgültig. Ich segne dich/euch mit dem, was für dich/euch am besten ist. Ich verzeihe und vergebe dir/euch, und damit bin ich frei.«

Versuchen Sie sich die Situation noch einmal vorzustellen, wie der oder diejenige das Richtige tut oder sagt, und sich die Situation zum Guten auflöst. Damit befreien Sie Ihr Unterbewusstsein von den belastenden Erinnerungen.

Denken Sie jetzt an Menschen, denen Sie selbst Leid oder Schmerz zugefügt haben. Bitten Sie diese Menschen im Geiste: »Ich akzeptiere meinen Anteil an Schuld in dieser Situation und bitte dich/euch, mir zu verzeihen, so wie ich mir selbst verzeihe. Ich segne dich/euch mit allem, was für dich/euch am besten ist.«

Nehmen Sie sich nun einen Augenblick Zeit und stellen Sie sich selbst in besagter Situation vor, wie Sie das Richtige oder Angemessene tun und sagen, ohne zu verletzen. Damit programmieren Sie Ihr Unterbewusstsein darauf, sich in Zukunft richtig zu verhalten.

Bleiben Sie einen Moment still und bewusst, atmen Sie sanft ein und aus. Bedanken Sie sich im Geist bei den höheren Mächten für die Kraft zur Vergebung.

Die obige Übung ist kraftvoll und sehr effektiv. Insbesondere bei schweren und lange zurückliegenden Verletzungen wird es notwendig sein, sie mehrfach über einen bestimmten Zeitraum hinweg durchzuführen. Ansonsten können Sie diese Meditation einmal wöchentlich praktizieren oder wann immer emotionale Verletzungen Sie belasten.

Liebevolle Freundlichkeit

Mit innerem Gleichgewicht und befreiter Herzenskraft sind Sie nun in der Lage, allen Menschen jederzeit mit liebevoller Freundlichkeit zu begegnen. Nehmen Sie sich dies bewusst vor und halten Sie es durch. Es wird Ihnen leichter fallen, als Sie im Moment vielleicht vermuten, denn Ihre positive Stimmung, Ihre zuvorkommende Art und Ihr Einfühlungsvermögen werden sich automatisch auf die Menschen, denen Sie begegnen auswirken und diese anstecken, selbst wenn diese vorher nicht in bester Laune waren. Jedem von uns begegnen im Laufe des Tages unerwartet negative Emotionen, Ärger, Missstimmung und Aggressivität, die andere bei uns abladen. Jeder von uns kommt immer wieder in Situationen, in denen wir mit Problemen konfrontiert werden oder Dinge ganz anders laufen, als von uns vorgesehen. Wie wir aber mit diesen Situationen umgehen, ob wir uns die Stimmung und den Tag verderben oder uns aus dem Gleichgewicht bringen lassen etc., liegt allein bei uns. In dem Moment, wo wir auf eine negative Situation oder auf die Aggression anderer nicht mit einer instinktiven negativen Gegenreaktion antworten, sondern liebevolle Freundlichkeit walten lassen und dem Gegenüber trotz seiner Attacken respektvoll, höflich und liebevoll begegnen, wird sich in einem Großteil der Fälle die Angespanntheit des anderen schneller verflüchtigen, wird sich eine Lösung der Probleme finden lassen, und wir können auf die unvorhergesehene Situation in bester Weise eingehen. Und selbst wenn uns dies nicht gelingen sollte, so gibt es erstens keinen Grund, diese Stimmung zu übernehmen, und zweitens sollte unsere Haltung und unser Verhalten stets unabhängig von äußeren Gegebenheiten sein – also auch nicht von anderen bestimmbar oder beeinflussbar.

Wenn Sie liebevolle Freundlichkeit praktizieren, sind Sie unempfindlicher gegen Aggressionen und niederdrückende

Stimmungen anderer. Sie sind in der Lage, eine liebevolle und freundliche Atmosphäre zu schaffen und Menschen in dieser Weise zu begegnen. Betrachten Sie es als Ihre menschliche Pflicht, sich jedem anderen gegenüber liebevoll, freundlich, respektvoll und hilfsbereit zu verhalten.

Liebevolle Freundlichkeit ist stets eine Frage der »Art und Weise«. Es widerspricht nicht dem Gebot der liebevollen Freundlichkeit, Mitarbeitern zu kündigen, Freunde oder Partner zurückzuweisen, klare Positionen zu beziehen und diese strikt zu vertreten, eindeutig seine Rechte einzufordern und auf diesen zu bestehen, seine Meinung frei und klar zu äußern, sich nichts gefallen zu lassen, sondern klar die eigenen Grenzen aufzuzeigen etc. Entscheidend ist das Bewusstsein, in dem wir die genannten Dinge tun. So können Sie einem Mitarbeiter, den Sie entlassen müssen, in einem Gespräch die Problematik erläutern, ihn ermutigen und ihm andere Perspektiven aufzeigen, anstatt ihn womöglich noch vor den Augen der versammelten Belegschaft einfach hinauszuwerfen. Sie könnten einem Kollegen, der Ihnen missgünstig zu schaden versucht, klar und deutlich aufzeigen, dass Sie seine Absicht durchschaut haben und sein Vorgehen nicht akzeptieren. Selbstverständlich können Sie ihm unmissverständlich klarmachen, dass er nun Ihre Grenze überschritten hat, und ihn freundlich und bestimmt auffordern, sein Verhalten zu ändern.

Halten Sie sich nicht übermäßig lange mit Ihrer Kritik auf. Eine kritische Haltung ist lobenswert, aber wiederholen Sie Ihre Kritik nicht ständig, versuchen Sie lieber, konstruktive

Verbesserungsvorschläge zu machen. Äußern Sie Unzufriedenheit sachlich und zielgerichtet anstatt persönlich und vor allem ohne verletzend zu sein. Versuchen Sie, negative und missgünstige Emotionen und übertriebene Kritiksucht abzustellen. Tagtäglich werden uns vielfache Möglichkeiten geboten, einen liebevollen, freundlichen Umgang mit anderen Menschen zu pflegen. Bemühen Sie sich um Klarheit und Fairness, trainieren Sie Ihre Selbstdisziplin und Ihre Ehrlichkeit sich selbst gegenüber, und achten Sie darauf, niemanden mit Worten, Taten und nicht zuletzt auch durch Gedanken zu verletzen. Wenn Sie mit Ausdauer so an sich arbeiten, werden Sie feststellen, wie Sie im Umgang mit anderen immer aufmerksamer werden und sich Ihr Umfeld und die Atmosphäre auf zwischenmenschlicher Ebene entsprechend positiv entwickelt.

Hilfsbereitschaft und Mitgefühl

Eine gut funktionierende menschliche Gemeinschaft basiert auf dem Solidaritätsprinzip. Im Kleinen wie im Großen schafft ein Geist von gegenseitiger Unterstützung, Verständnis und Respekt eine Atmosphäre, in der sich jeder aufgehoben fühlt und seine Talente und Fähigkeiten entwickeln kann. Wir alle sind in unserem Leben in unzähligen Situationen auf die Hilfe und die Unterstützung anderer angewiesen. Beruflich und privat hängt die Erfüllung unserer Träume und Wünsche maßgeblich davon ab, ob und inwieweit uns andere Menschen zur Seite stehen.

Um im Leben Förderer und Freunde zu finden, müssen wir die Bereitschaft mitbringen, anderen in schwierigen Situationen zur Seite zu stehen.

Hilfe ist allerdings kein Geschäft auf Gegenseitigkeit. Wenn Sie anderen Ihre Hilfe anbieten, tun Sie dies ohne Bedingungen. Echte Hilfsbereitschaft verlangt keine Gegenleistung.

Und seien Sie auf der Hut, einem anderen nicht Ihre Meinung, was denn nötig und gut für ihn sei, aufzuzwingen. Dies ist respektlos und verursacht oft komplizierte Verwicklungen und enttäuschte Erwartungen. Wie oft meinen wir, von außen sehen zu können, was besser für jemand anderen ist oder was wir für vermeintlich richtig halten. Sicher kennen Sie selbst solche Situationen, in denen jemand – gut gemeint zwar, aber doch für Sie unpassend – über Ihren Kopf hinweg entschieden hat.

Es fällt schwer, diese Hilfe abzulehnen und doch fühlt man sich nicht wohl dabei: »Du musst doch Hunger haben«, entscheidet die Mutter oder Freundin, »ich habe dir schon mal aufgedeckt«, oder die besorgte Sekretärin verschafft dem viel beschäftigten Chef eine Pause, indem Sie wohlmeinend einen Termin mit einem Kunden absagt, der dem Chef gerade wichtig war. »Du bist so viel allein in letzter Zeit, ich habe eine Überraschungsparty mit all deinen alten Freunden organisiert« – zu denen Sie vielleicht gerade mühsam und ohne dies anderen mitzuteilen Abstand gewonnen haben. Die Liste dieser Beispiele könnte sicher jeder von uns als aktiv oder passiv Betroffener fortsetzen. Wie können wir uns anmaßen, zu bestimmen, was für den einen oder anderen richtig und gut ist. Wollen wir wirklich hilfreich sein, ist es entscheidend, ob wir uns eine offene Haltung und Anerkennung des Weges bewahren, den der andere für sich gewählt hat.

Fast alle Menschen halten Hilfsbereitschaft und Mitgefühl für erstrebenswerte Eigenschaften, und ein Großteil würde sich selbst wohl auch als hilfsbereiten und mitfühlenden Menschen einschätzen. Und Sie? Überdenken Sie im Lichte des eben Gesagten einmal kritisch und ehrlich, ob Sie dieses Attribut wohl auch von Ihren Kollegen und Bekannten verliehen bekämen. Denken Sie an Situationen zurück, wo sich Arbeitskollegen, Freunde oder Familienangehörige in großen oder auch kleinen Schwierigkeiten und Nöten befanden, und treffen Sie folgende Einschätzungen:

Auf einer Skala von 1 bis 10 bezeichnen mich als hilfsbereit:
meine Arbeitskollegen und -kolleginnen
mein Partner/meine Partnerin
frühere Partner/Partnerinnen
meine Freunde und Bekannten
meine Nachbarn
meine Familie
Menschen, die mir im Alltag begegnen

Überdenken Sie Ihre Gesamtzahl im Lichte dessen, dass 70 Punkte maximal möglich wären und dass jeder Punkt, den Sie dabei mehr erzielen können, sich irgendwann zu Ihrem Wohl auswirkt. Es lohnt sich also, täglich und beständig an Ihrem Punktestand zu arbeiten.

Eng verknüpft, aber doch nicht ganz deckungsgleich mit der Hilfsbereitschaft ist das Mitgefühl. Verwechseln Sie Mitgefühl aber nicht mit Mitleid. Es ist nutzlos und schädlich für alle Beteiligten, wenn Sie mitleiden. Es besteht auch kein Grund dazu. Denn die leiderfüllte Lebenslage betrifft ja nicht Sie, sondern jemand anderen. Zudem machen Sie sich, wenn Sie dazu neigen, in Mitleid zu zerfließen, bewusst, dass jedes Ereignis in unserem Leben einen Sinn und eine Vorgeschichte hat. Wir verändern nichts, indem wir jammern und klagen oder in die Klagen des anderen mit einstimmen. Dies kostet nur Kraft und senkt unser Energieniveau.

Natürlich sollen wir dem anderen unser Verständnis signalisieren, doch dann sollten wir versuchen, ihn aus dem Morast des Leidens herauszubringen. Wir können Lösungsmöglichkeiten aufzeigen, unsere bisherigen Erfahrungen schildern oder einfach dem anderen unseren Beistand zusichern. Alles ist leichter, wenn man in der Not begleitet wird. Seien Sie aber wachsam, dass Sie dabei nicht der Abladeplatz für den psychischen Müll Ihres Gegenübers werden. Sprechen Sie über die Situation, lassen Sie sich den Verlauf schildern, und dann bringen Sie das Gespräch auf eine positive Ebene. Der im Leid gefangene Mensch findet oft nicht allein heraus, und ihm dabei zu helfen, ist wertvoller als ihn in seinem Leid bzw. Selbstmitleid zu bestärken, selbst wenn man Ihnen deshalb mangelndes Mitleid oder Herzlosigkeit vorwirft.

Ein Freund beispielsweise wiederholt beständig, wie allein er sich fühlt, nachdem seine langjährige Freundin ihn verlassen hat, und wie einsam er seine Abende verbringt.

Anfangs bedauert ihn jeder im Freundeskreis, doch mit der Zeit reagieren alle eher ungeduldig und vermeiden den Kontakt mit ihm. Besser wäre ein klärendes Gespräch, in dem Sie versuchen, den Freund aus seinem Selbstmitleid zu befreien, ihm klarmachen, dass alle Beziehungen ihre Zeit haben, dass er seine Situation als gegeben akzeptieren muss, da er die Entscheidung der Freundin nicht ändern kann, und dass er selbst für seine Einsamkeit und den Rückzug der Freunde verantwortlich ist. Bieten Sie ihm Hilfe dabei an, sein Verhalten zu ändern, machen Sie ihn zum Beispiel darauf aufmerksam, wenn er wieder in Selbstmitleid zu verfallen droht. Und geben Sie ihm Zeit, Ihre Anregungen zu überdenken. Vielleicht wird er im ersten Moment empört sein über Ihre mangelnde Anteilnahme an seinem vermeintlichen Elend und Zeit brauchen, den Wert Ihres Beistandes zu erkennen. Selbstverständlich erfordert es mehr Aktivität und Kraft, jemandem aus dem Sumpf seines Leidens herauszuhelfen, als passiv mitleidend am Rand zu stehen. Wenn Sie aber selbst einmal in einer Leidenssituation gefangen sind, wünschen Sie sich auch jemanden, der Ihnen, mag es auch schmerzlich sein, den Weg herausweist, anstatt Sie in Ihrem Teufelskreis zu belassen und darin noch zu bestärken.

Großzügigkeit

»Geiz ist geil!«, sagt die Werbung. Ja, wirklich?
Geiz ist verbunden mit Angst. Angst um die eigene Existenz, Angst, nicht genug zu haben und zu verlieren, was man einmal erworben hat. Er bringt etwas Krampfhaftes

und Unangenehmes mit sich. Der Umgang mit geizigen Menschen ist schwierig, weil man immer darauf achten muss, dass man sie nicht zu sehr zur Kasse bittet. Man muss aber auch auf der Hut sein, dass man durch den Geiz der anderen nicht selbst übervorteilt wird. Ebenso wenig lässt der Geizige jedoch in der Regel die Hilfe anderer zu, weil sie in seiner Vorstellung auch von ihm eine Gegenleistung erforderlich machen könnte. Geizige Menschen bewegen sich in kleinen Kreisen, sie engen sich selbst ein und belasten ihr Umfeld. In Gesellschaft eines geizigen Menschen werden plötzlich auch andere unfrei und verhalten sich unnatürlich. Es werden ihnen Grenzen gesetzt, die nicht ihre eigenen sind.

Großzügigkeit erzeugt, wenn sie nicht bis hin zur Verschwendung übertrieben wird, ein Gefühl von Freiheit. Es muss nicht kleinkariert alles berechnet und verglichen werden. Niemand hat Angst, im Nachteil zu sein. Vertrauen und Offenheit und die Bereitschaft zu geben, wo es gebraucht wird, beherrschen die Stimmung.

Großzügigkeit ist ansteckend, ohne verpflichtend zu sein. Sie prägt das Klima in angenehmer Weise und macht Sie zu einem angenehmen Menschen.
Doch wie erreichen Sie das angestrebte Maß? Wie sieht richtig verstandene Großzügigkeit aus?
Ich kann zum Beispiel in finanziellen Dingen großzügig sein, meinen Angestellten ein gutes Gehalt zahlen, besondere Leistungen durch Sonderzahlungen anerkennen, ich kann dem Bedürftigen großzügig geben, ich kann für gute Zwecke spenden, ich kann z.B. die freundliche Bedienung

eines Kellners durch ein gutes Trinkgeld würdigen. Ich kann aber nicht nur Geld und Sachleistungen, sondern auch liebevolle Unterstützung und Zuwendung großzügig verteilen, meine Arbeitszeit kann ich anderen großzügig zur Verfügung stellen. Ich kann Wissen großzügig an andere weitergeben, wenn es angebracht ist. Wenn ich Großzügigkeit in oben beschriebener Weise praktiziere, fühlen sich nicht nur andere zu mir hingezogen, sondern auch meine Lebensqualität wird deutlich gesteigert.

Gönnen können

Wohlhabende und erfolgreiche Menschen haben oft mit stillen Vorwürfen und Vorurteilen zu leben. Die Gewerkschaften missgönnen den Unternehmern ihre Gewinne, im Kollegenkreis erleben Erfolgreiche oft Neid und üble Nachrede, und ihnen wird vorgeworfen, rücksichtslos und arrogant zu sein. Zwar mögen diese Urteile in wenigen Ausnahmen vielleicht angebracht sein, doch in der Mehrzahl der Fälle sind sie falsch und ungerechtfertigt.

Falsche Vorurteile gegen erfolgreiche Menschen finden ihren Nährboden meist in Neid und Missgunst. Sowohl in einer kleinen Gruppe von Menschen als auch in einem ganzen Land wirken sich diese negativ und hemmend auf die Kreativität und Produktivität aus, denn sie können das Klima bestimmen und vergiften. Insbesondere in wirtschaftlich schwierigen Zeiten blicken diejenigen, die sich in finanziellen Engpässen befinden, oft neidisch auf Bessergestellte und verhindern damit oftmals ihre eigene materielle Gesundung.

Was Sie sich für sich selbst in Ihrem Leben wünschen und erhoffen, sollten Sie auch anderen gönnen.

Wohlwollen und Sich-Mitfreuen am Glück und Erfolg anderer tragen so auch zum eigenen Fortschritt bei. *Ebenso wie auf partnerschaftlicher Ebene das Festhalten oder Verhaftetsein an einer gescheiterten Beziehung das Entstehen einer neuen Liebe verhindern kann, so blockieren Neid und Missgunst gegenüber dem Erfolg anderer die eigene Karriere.* Seien Sie also darauf bedacht, das, was Sie für sich selbst anstreben, auch anderen zu wünschen oder zu gönnen. Es herrscht in der heutigen Ellbogengesellschaft ein weit verbreiteter Irrglaube, sowohl beruflich als auch privat befände man sich im ständigen Wettstreit um knappe Ressourcen (Posten, Partner etc.) und jeder Gewinn eines anderen sei somit ein potenzieller eigener Verlust. Eine solche Einstellung birgt nicht nur die Gefahr, Sie zu einem schlechten Menschen zu machen, sondern sie ist auch gänzlich kontraproduktiv. Auch im Wettbewerb erreichen wir unsere Ziele am ehesten, wenn wir mit anderen zusammenarbeiten, und Teil jeder guten und fruchtbaren Zusammenarbeit ist es, anderen ihre Erfolge und Fortschritte von ganzem Herzen zu gönnen.

Wenn Sie möchten, können Sie als kleine Übung einige Namen von Personen aufschreiben, mit denen Sie sich privat oder beruflich auf irgendeine Art oder auf irgendeiner Ebene im Wettstreit fühlen. Schreiben Sie hinter den Namen, was Sie demjenigen von Herzen an Erfolg und Glück im Leben gönnen und versuchen Sie, dabei insbesondere diejenigen Punkte herauszuheben, die auch Sie sich für sich selbst wünschen würden.

Wie schon im vorigen Kapitel sei gesagt, dass Sie bei der Entwicklung oben beschriebener Attribute auch nachsichtig mit sich selbst sein sollten, wenn Sie sich nicht gleich und durchgehend so verhalten, wie Sie es sich vorgenommen haben. Oft verharren wir in dem Gefühl der Unzulänglichkeit oder Unzufriedenheit mit uns selbst, wenn unser eigenes Verhalten nicht mit unseren Vorsätzen übereinstimmt, wenn wir immer wieder Schwächen oder Verhaltensweisen an uns entdecken, die uns nicht gefallen. Auch wir werden Situationen erleben, in denen wir Empfindungen wie Neid, Missgunst, Schadenfreude oder anderes in uns entdecken, die wir bei anderen so sehr kritisieren und die wir bei uns schon längst für abgelegt und überwunden hielten.

Geben Sie sich Zeit. Schon die selbstkritische und bewusste Betrachtung Ihres eigenen Verhaltens und die guten Vorsätze sind von großem Wert. Bleiben Sie nicht in der Selbstkritik und in den negativen Gefühlen sich selbst gegenüber verhaftet. Dies blockiert Sie nur und verhindert eine positive Entwicklung und Veränderung.

Sehen Sie die Fülle an Erfahrungen, die jeder Tag bringt, und nutzen Sie sie für Ihre Entscheidungen des nächsten Tages. Wenden Sie die bereits im vorigen Kapitel (und in Kapitel 4) erläuterten Techniken zum Auflösen von negativen Mustern an. Verzeihen Sie anderen und sich selbst und entwickeln Sie inneren Frieden und emotionales Gleichgewicht. Dann wird es Ihnen leicht fallen, Ihre Herzenskraft zu entfalten.

Der Kraftkreislauf des Herzens

Folgender, vereinfachter Kreislauf kann Ihnen dabei insofern eine Hilfe sein, als er sofort vor Augen führt, welche vielen Bereiche notwendig und ausschlaggebend sind, um den angestrebten Zustand zu erreichen, und wie diese Bereiche miteinander in Verbindung stehen und sich gegenseitig bedingen.

Wie bei den anderen Kreisläufen gilt auch hier unsere Empfehlung, aktiv mit dem Modell zu arbeiten und sobald Sie Ihren eigenen, individualisierten Kreislauf erarbeitet haben, diesen gut sichtbar, z.B. an Ihrer Pinnwand, aufzuhängen. So erinnert er Sie regelmäßig an die Zielsetzungen, die sonst mit der Zeit verblassen oder Ihnen entfallen würden.

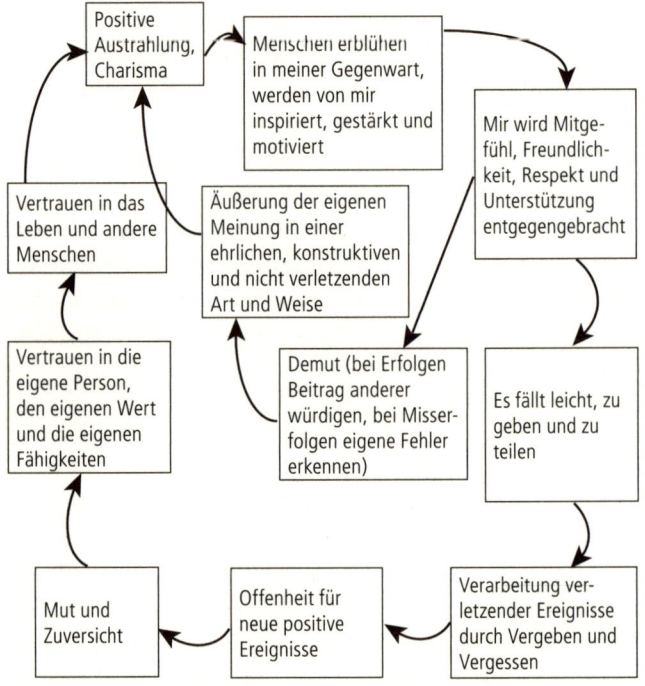

Positive Austrahlung, Charisma

Menschen erblühen in meiner Gegenwart, werden von mir inspiriert, gestärkt und motiviert

Mir wird Mitgefühl, Freundlichkeit, Respekt und Unterstützung entgegengebracht

Vertrauen in das Leben und andere Menschen

Äußerung der eigenen Meinung in einer ehrlichen, konstruktiven und nicht verletzenden Art und Weise

Vertrauen in die eigene Person, den eigenen Wert und die eigenen Fähigkeiten

Demut (bei Erfolgen Beitrag anderer würdigen, bei Misserfolgen eigene Fehler erkennen)

Es fällt leicht, zu geben und zu teilen

Mut und Zuversicht

Offenheit für neue positive Ereignisse

Verarbeitung verletzender Ereignisse durch Vergeben und Vergessen

4. Die Zähmung des Geistes

Gedankenkontrolle

Glauben Sie an Gedankenkontrolle? Wir schon! Mit Gedankenkontrolle meinen wir allerdings nicht die Überwachung der Gedanken anderer, sondern die Kontrolle unserer eigenen Gedanken. Um maximal viel Energie zur Verfügung zu haben, sei es für physische oder mentale Tätigkeiten, hilft es, sich vollständig auf das Hier und Jetzt konzentrieren zu können und alle störenden Gedanken auszublenden. Wie das möglich ist, werden Sie an einer Reihe von Übungen erlernen. Im Moment ist es erst einmal wichtig, zu begreifen, dass so etwas überhaupt möglich ist. Dazu folgendes Experiment:

Denken Sie zuerst an ein sogenanntes Stacheldrahtthema: Etwas, bei dem Ihnen schon allein der Gedanke daran unangenehm ist, bei dem sofort Ihr Adrenalinspiegel steigt oder das Ihnen Sorge bereitet. Es sollte etwas sein, das Ihnen oftmals scheinbar willkürlich während des konzentrierten Arbeitens in den Sinn kommt und Ihre Aufmerksamkeit in Beschlag nimmt. Wenn Ihnen solch ein Gedanke in den Sinn kommt, lenken Sie Ihre Konzentration auf Ihre Nasenwurzel und versuchen Sie, diese mit den Augen zu erfassen. Das dauert einige Zeit, aber bemühen Sie sich dennoch, den Ansatz Ihrer Nase ins Gesichtsfeld zu bekommen und den Fokus darauf scharf zu stellen. Nehmen Sie sich Zeit. Geschafft? Ganz gleich, ob es Ihnen gelungen ist oder nicht,

mit ziemlicher Sicherheit ist währenddessen das unangenehme Problem aus Ihren Gedanken verschwunden.

Dieses kurze Experiment zeigt, dass Sie die Macht haben,
Ihre Gedanken zu kontrollieren. Sorgen, Ängste und
andere destruktive Gedanken existieren nicht per se, sondern nur in dem Umfang, den Sie Ihnen geben. Wann
immer Ihnen also störende oder destruktive Gedanken in
Zukunft Energie abziehen und Sie von Ihren Tätigkeiten
ablenken, denken Sie daran, dass Sie es in der Hand haben,
dies abzustellen. Es liegt allein in Ihrer Verantwortung,
ob Ihre Gedanken als Kraftquelle oder als Energieräuber
auftreten. Und je nachdem, wie häufig Sie sich durch Ihre
destruktiven Gedanken Ihre Kraft rauben lassen, wird es
schneller gehen oder länger dauern, bis Sie dies geändert
haben. Erst einmal wichtig ist allerdings, zu begreifen, dass
eine Änderung möglich ist, da Ihre Gedanken sehr wohl
unter Ihrer Kontrolle stehen.

Das Leben ist, wozu unser Denken es macht

Es ist nun einmal Teil der menschlichen Natur, dass wir
alles, was uns widerfährt von einer Warte aus wahrnehmen,
die uns selbst im Mittelpunkt sieht. *Wir empfinden uns selbst
als Zentrum unseres Mikrokosmos und unterwerfen alles und
jeden unseren ureigenen Kriterien und Sichtweisen.* Das ist
die Art und Weise, wie unser Verstand und unsere sinnliche
Wahrnehmung funktionieren. Jeder Mensch wirft deshalb
nur einen sehr unvollkommenen und unausgewogenen
Blick auf die Welt. Es gibt immer noch mindestens 100

andere Sichtweisen, die für andere Menschen mit anderem Hintergrund und anderen Überzeugungen genauso viel Sinn machen.

Es liegt in unserer Hand, wie wir unsere Umwelt interpretieren. Fast allen Menschen fliegen beim Bummel durch eine belebte Einkaufsstraße ungefähr gleich viele positive und negative Blicke zu. Ob jemand allerdings das Gefühl hat, heute sähen ihn alle aufmunternd, bewundernd und freundschaftlich an oder aber die ganze Welt schaue auf ihn herab, mache sich über ihn lustig oder begegne ihm griesgrämig, wird allein von unserer subjektiven Empfindung und Deutung dieser Blicke bestimmt. Je nachdem, in welcher Gemütsverfassung wir uns befinden, ob wir fröhlich oder deprimiert, zuversichtlich oder ängstlich sind, interpretieren wir unsere Umwelt ganz unterschiedlich, und die Welt erscheint uns persönlich oft ganz anders als unseren Mitmenschen.

Meine Insel – deine Insel

Stellen Sie sich in Gedanken eine kleine Insel im Pazifischen Ozean vor. Weiße Sandstrände, Palmen und im Inselinneren dichter Dschungel. Nun nehmen wir einmal vier Bewohner dieser Insel unter die Lupe. Einen Eingeborenen, der hier das Licht der Welt erblickte und nie etwas anderes gesehen hat, einen ausgewanderten Mitteleuropäer, der sich seinen Lebenstraum verwirklicht und Gewürze anbaut, einen gestrandeten Schiffbrüchigen, der sich nichts sehnlicher wünscht, als diesem Eiland zu entfliehen, und einen

Naturforscher, der die heimische Tierwelt untersucht. Die Insel ist für alle vier genau dieselbe, und alle könnten sie, sofern sie es denn überhaupt wünschen, erst wieder in vier Wochen verlassen, wenn das nächste Schiff dort vor Anker geht. Wie kommt es dann, dass alle vier die immer gleiche Insel vollkommen unterschiedlich wahrnehmen? Als Zuhause, als Paradies auf Erden, als Hölle auf Erden oder als interessantes Studienobjekt. Ganz klar, entsprechend ihrer abweichenden Vorstellungen, Ziele und Bedürfnisse interpretieren die vier Bewohner ihre Umwelt gänzlich unterschiedlich. Doch keiner von ihnen hat recht. Eine absolute Wahrheit, ob die Insel nun Paradies oder Hölle ist, gibt es nicht. Allerdings gibt es Menschen, die dazu neigen, eher das Schöne und Angenehme wahrzunehmen, und deshalb leichter und glücklicher durchs Leben gehen. Im Gegensatz dazu finden sich aber auch immer wieder Menschen, die eher das Unangenehme und Schlechte wahrnehmen und daher verdrossen, deprimiert und unglücklich ihr Leben bestreiten. Zu welcher Gruppe Sie gehören, hängt ganz von Ihnen ab. *Da es die absolute Interpretation nicht gibt, liegt es immer in Ihrer Verantwortung, ob das Glas für Sie halb voll ist oder halb leer.*

Spieglein, Spieglein an der Wand ...

Wir haben soeben gelernt, dass unsere Wahrnehmung in unserer eigenen Verantwortung liegt. Das stimmt, allerdings ist die Sache noch etwas komplizierter als bisher dargestellt. Wie wir ebenfalls gelernt haben, ist Wahrnehmung stets mit Selektion und Interpretation verknüpft, und diese wird bereits von unserem Unterbewusstsein vorgenommen. Wir entscheiden nicht bewusst, heute beim Straßenbummel verstärkt alle negativen Blicke wahrzunehmen und die positiven auszublenden. Dies geschieht unbewusst. Vielleicht fühlen wir uns an diesem Tag aus irgendeinem Grund unsicher. Möglicherweise ist der Auslöser eine neue Frisur, ein gewagtes Outfit oder ein Pickel auf unserer Stirn. Unser Unterbewusstsein ist darauf programmiert, verstärkt oder gar ausschließlich all das wahrzunehmen, was unsere Unsicherheit bestätigt und ihr Nahrung gibt.

Diese von unserem Unterbewusstsein gesteuerte selektive Wahrnehmung erscheint uns wie ein Fluch, da sie uns, wenn wir uns sowieso schon deprimiert, schlecht oder minderwertig fühlen, immer noch tiefer in diese Abgründe treibt. *Wir können uns diese Tatsache aber auch zunutze machen, indem wir beginnen, uns aktiv mit unserer Wahrnehmung auseinanderzusetzen und unser Unterbewusstsein gezielt zu programmieren.*

Zwei Dinge kann die unbewusste Steuerung unserer Wahrnehmung für uns leisten. Zum einen können wir sie uns bei der Analyse unseres Unterbewusstseins zunutze machen. Ist Ihnen schon einmal aufgefallen, dass es Zeiten gibt, in denen Ihnen in der Öffentlichkeit besonders viele Liebespaare oder Schwangere auffallen? *Unsere Wahrnehmung kann uns etwas über unsere Wünsche, Ängste, Stärken und Schwächen verraten.* Wir müssen lediglich bewusst darauf achten, welcher Spiegel uns von der Umwelt vorgehalten wird, denn in Wahrheit sind wir es selbst, die uns diesen Spiegel vorhalten.

Noch interessanter ist aber selbstverständlich die verstärkende Funktion unseres Unterbewusstseins. *Das Geheimnis liegt darin, das Unterbewusstsein so zu programmieren, dass unsere Wahrnehmung auf das Schöne, Angenehme und Bestärkende ausgerichtet ist.* Dadurch sind wir noch lange nicht blind für Schwächen und Probleme, aber wir haben die Kraft und das Selbstbewusstsein, diese anzupacken und zu lösen. Durch eine positive Wahrnehmung kann ein Problem, das uns vorher unlösbar, unüberwindbar und wie ein vernichtender Schicksalsschlag vorkam, plötzlich als Chance erscheinen, die wir ergreifen können, um zu wachsen, uns zu beweisen und zu verändern. Es ist alles eine Frage der inneren Einstellung und des Glaubens an die eigene Stärke. Und genau hier können wir ansetzen, indem wir unsere Wahrnehmung auf das Positive im Leben richten.

Wir müssen uns also bewusst werden, dass kein Ding von sich aus hässlich, unschön, unangenehm, deprimierend, belastend, Kraft raubend oder unüberwindbar ist. *Je nachdem, von welchem Standpunkt aus wir die Dinge betrachten, kann dieselbe Sache völlig verschieden aussehen.* Probleme können Chancen, und Fehler können Fortschritt sein. Wir können nie im Voraus erkennen, ob uns etwas, das momentan als Schwierigkeit oder gar als Unglück erscheint, nicht später zum Vorteil gereichen wird. Oftmals wissen wir das erst Jahre oder gar Jahrzehnte später. Diese Wahrheit müssen Sie sich nicht nur immer wieder bewusst machen und im Hinterkopf behalten, sondern Sie müssen sie in all ihren Konsequenzen verstanden und akzeptiert haben. Als Resultat werden sich Ihnen ungeahnte Möglichkeiten eröffnen.

Erstarrte Überzeugungen
und festgefahrenes Denken

Wir können unsere Natur nicht ändern, aber um zu wachsen, sollten wir uns bemühen, stets offen für andere Meinungen und abweichende Standpunkte zu sein. Wenn wir uns darauf versteifen, unseren Standpunkt als den einzig wahren zu betrachten und zu verteidigen, nehmen wir uns selbst einen großen Teil unseres Entwicklungspotenzials. *Ob andere Menschen uns vertrauen, bereit sind, sich unseren Entscheidungen zu beugen, und uns vielleicht in einer führenden Position oder als Partner anzuerkennen, hängt maßgeblich davon ab, inwieweit wir bereit sind, auch andere Sichtweisen gelten zu lassen und uns selbst stets kritisch zu hinterfragen.*

Haben Sie in letzter Zeit einmal eine politische Talk-Show im Fernsehen betrachtet? Falls ja, ist Ihnen dabei irgendwann die Lust vergangen? Mir geht es regelmäßig so, denn fast alle politischen Talk-Shows laufen nach dem gleichen Muster ab. Es werden zu einem bestimmten Thema, wie z.B. Arbeitszeitverlängerung, bestimmte Persönlichkeiten eingeladen, von denen man einen festen Standpunkt erwartet. Also etwa ein Arbeitgebervertreter (Ja), ein Gewerkschaftsfunktionär (Nein), ein CDU-Politiker (Ja, aber) und eine SPD-Politikerin (Nein, aber). Die nächsten Stunden verbringen diese Menschen nun damit, ihren eigenen Standpunkt mit aller Kraft und bestem Geschick zu verteidigen. Je nach rhetorischen Fähigkeiten und medialer Erfahrenheit gelingt ihnen das mehr oder weniger überzeugend. Was ich aber in einer solchen Talk-Show noch nie erlebt habe, ist, dass ein Gast, überzeugt durch die guten Argumente der anderen, seinen Standpunkt geändert hätte. Selbstverständlich wird das auch nie passieren, denn ein Gast in einer politischen Talk-Show nimmt die von seinen Gegenspielern vorgebrachten Argumente nicht wirklich auf, denkt ernsthaft über sie nach oder stellt seine eigenen in Zweifel, sondern er sucht nur nach Schwachstellen und Rechtfertigungen, um seine eigene Position zu konservieren. Für den Zuschauer ist die Faszination deshalb schnell verflogen, denn schließlich lässt sich keine Veränderung, keine Entwicklung beobachten.

Ihren eigenen Verstand müssen Sie sich wie eine Person in einer solchen Talk-Show vorstellen. Genauso wie der Showgast verteidigt auch Ihr Verstand alte Standpunkte und früher gewonnene Überzeugungen gegen alles Neue, was diese eventuell in Frage stellt. *Unser Verstand suggeriert uns Gewohntes und Bekanntes als angenehm und Unbekanntes als riskant, unsicher und gefährlich.* Einmal angelegte Denkmuster bleiben erhalten und erstarren, weil ein bereits begangener Denkweg, wie ein ausgetretener Pfad, lieber benutzt wird, als sich durch unbekanntes Terrain einen neuen Weg zu suchen.

Wenn wir ein Problem mit der Methode A gelöst haben, wird diese Vorgehensweise gespeichert. Wenn wir von jemandem mit den bestimmten Merkmalen X (z.B. Akzent, Hautfarbe, Kleidung) überfallen wurden, wird diese Erfahrung gespeichert. Wenn wir in einer bestimmten Situation Misserfolg hatten, wird dies ebenfalls gespeichert. Solche Muster werden schon früh in unserer Kindheit, aber auch in unserem ganzen weiteren Leben geprägt, und sie sind extrem schwierig aufzulösen oder zu ersetzen. Wenn nun eine neue Erfahrung gemacht wird, die unseren bisherigen Mustern widerspricht, wenn sich ein vergleichbares Problem nicht mehr durch die Methode A lösen lässt, wenn ein Mann mit den Merkmalen X sich uns gegenüber wider Erwarten äußerst zuvorkommend verhält oder wenn eine Situation sich plötzlich positiv entwickelt, die unter ähnlichen Bedingungen zu einem früheren Zeitpunkt schief ging, dann verfährt unser Gehirn leider nicht nach der Regel, die neue Erfahrung ersetzt automatisch die alte, sondern die alte verhindert die neue. Wir stehen einfach vor einem Rätsel, warum die todsichere Methode A diesmal nicht funktioniert hat. Wir begegnen Personen mit den Merkmalen X weiterhin mit Misstrauen und Zurückhaltung, und unseren plötzlichen Erfolg in einer zuvor erfolglosen Situation schieben wir einfach auf außergewöhnlich günstige Umstände.

Die erfolgreiche Firma X hat jahrzehntelang mit riesigem Erfolg und als absoluter Marktführer auf dem gesamten Globus Schreibmaschinen verkauft. Als gegen Ende des letzten Jahrhunderts der Umsatz plötzlich zurückging, tat man das, was man in Problemzeiten immer tat: Man verbesserte das vorhandene Produkt. Die Schreibmaschine wurde leichter, handlicher, leiser, sauberer im Schriftbild, genauer und komfortabler. Bis zum Exzess und mit allen zur Verfügung stehenden Ressourcen entwickelte man, gegen den Trend fallender Absatzzahlen, die perfekte Schreibmaschine – und machte Bankrott, denn IBM hatte mittlerweile den Computer erfunden.

Gehören Sie auch zu den Menschen, die nicht in der Lage sind, eine bestimmte Art von Denksportaufgaben oder Rätseln zu lösen, weil Sie dazu aus den nahe liegenden Denkstrategien völlig ausbrechen müssten? Auch das ist ein typisches Beispiel dafür, wie festgefahrene Denkmuster uns im Weg stehen können.

Festgefahrenes Denken raubt uns eine Menge Energie, indem es uns blockiert und uns bei der Lösung eines Problems behindert. Wenn Sie beispielsweise Ihren Tag oder Ihre Arbeitsabläufe planen, haben Sie oft eine feste Vorstellung davon, wie Sie vorgehen wollen. Ich nehme mir zum Beispiel vor, am Wochenende die Schulsachen für die Kinder hervorzusuchen und zu ergänzen, denn bald ist erster Schultag nach den Ferien. Da aber das Kinderzimmer ein einziges Durcheinander ist und sich nichts finden lässt, müsste ich demzufolge auch gleich mit aufräumen und die Schulhefte und sonstigen Materialien vom letzten Jahr aussortieren und wegräumen. Dafür müsste ich aber das ganze Bücherregal, den Arbeitstisch und den Schreibtisch aufräumen, da sonst kein Platz ist. Wenn ich aber das Bücherregal aufräume, müsste ich dabei auch die Pappbilderbücher aussortieren, aus denen die Kinder längst herausgewachsen sind, und diese für die Sammlung fürs Kinderheim in einen Karton verstauen. Wenn ich aber sowieso gerade dabei bin, diesen Karton fürs Kinderheim zu packen, müsste ich eigentlich auch die zu klein gewordenen Anziehsachen mit einpacken, wofür ich aber den Kleiderschrank durchsehen und demzufolge ebenfalls gleich mit aufräumen müsste … So stehe ich also vor einer endlosen Kette von Aufgaben, die sich gegenseitig bedingen, mit dem Effekt, ich bin so blockiert, dass ich gar nicht mehr weiß, wo ich eigentlich anfangen soll. Und da dieser ganze »Rattenschwanz« in meinem Kopf herumspukt, habe ich schon gar keine Lust mehr, überhaupt anzufangen, da ich weiss, dass ich dafür einen ganzen Nachmittag brauchen werde. Mein Unterbewusstsein reagiert darauf mit Verschiebetaktik, also bleibt mir schließlich nach all der anderen sonntäglichen Haushaltsroutine, wie z.B. Wäschewaschen, Essenkochen usw. nur noch eine Stunde Zeit, und da denke ich mir: »Das schaffe ich nie!« Das Ende vom Lied ist, dass ich gar nicht erst angefangen habe. Gleichzeitig fühle ich mich aber kraftlos und mies, weil mich das schlechte Gewissen plagt, dass ich nicht in der Lage bin, etwas zu schaffen, was ich mir vorgenommen habe.

Das eigentliche Problem sind meine festgefahrenen Vorstellungen davon, wie diese Arbeiten abzulaufen haben, wie ordentlich es im Kinderzimmer auszusehen hat und dass ich immer alles sofort zu erledigen habe. Wenn ich mich von diesen Vorstellungen befreie, bin ich plötzlich in der Lage, die Aufgaben auch isoliert voneinander zu betrachten und anzugehen. Ich kann mir einen Plan machen, in dem ich die Arbeiten nach Dringlichkeit sortiere (ganz wichtig!) und für jede ein – realistisches - Zeitfenster erstelle, wann ich sie erledigen will.

Wir können uns dagegen nicht gänzlich wehren. Wenn wir aber darum wissen und genügend Distanz zu uns selbst wahren, können wir uns an den richtigen Stellen immer wieder kritisch hinterfragen. Zum Beispiel: »Ist das Produkt, das wir herstellen, überhaupt noch zukunftsfähig?« »Ist meine Art und Weise, an die Lösung eines Problems heranzugehen, wirklich die einzig richtige, oder gibt es vielleicht noch andere Möglichkeiten?« »Welche festgefahrenen Vorstellungen behindern und schwächen mich bei der Bewältigung meiner Aufgaben?« Wenn wir über diese Dinge nachdenken, werden die alten Muster zwar auch nicht über Nacht verschwinden, aber die Erkenntnis und eine sinnvolle Auseinandersetzung helfen dabei.*

Häufig sind solche eingeübten und gewohnten Standpunkte und Sichtweisen wie Scheuklappen und Leitpfähle, die Ihre Wahrnehmung einschränken und nach denen Sie vielleicht sogar Ihr ganzes Leben ausrichten, ohne sich dessen bewusst zu sein. Irgendwann sind die Scheuklappen dann so eng, dass Sie sich nicht mehr entwickeln können. Sie sind gefangen. Zwangsläufig werden Sie damit irgendwann unglücklich, denn kein Zustand befriedigt einen Menschen auf Lebenszeit. Wir brauchen Veränderung, um glücklich zu sein und zu werden. *Und um sich die Flexibilität zu erhalten, stets nach dem zu streben, was Sie möchten und was Sie wirklich glücklich macht, dürfen Sie sich von Ihren alten Denkmustern nicht fesseln und einengen lassen.*

Als kleine Übung schreiben Sie einmal fünf Dinge auf eine Liste, die ein Ihnen aus dem Freundeskreis oder vielleicht auch aus dem Fernsehen bekannter Mensch erreicht hat und bei denen Sie sich sicher sind, dass Sie sie nie und unter keinen Umständen erreichen könnten.

Sicher fällt Ihnen bereits beim Nachdenken über die Liste auf, dass es solche oben erwähnten Dinge eigentlich nicht gibt. Wenn wir wirklich intensiv über unsere Möglichkeiten nachdenken, müssen wir uns eingestehen, dass es Unmög-

---

* Empfehlenswerte Methoden, wie Sie psychische Muster schnell und effektiv angehen und auflösen können, siehe Anhang

lichkeiten nicht gibt. Manches mag vielleicht schwierig oder sogar unrealistisch sein, aber unmöglich ist gar nichts. Bei detaillierter Beschäftigung mit diesem Thema ist Ihnen diese Einsicht wahrscheinlich von alleine gekommen. Ihr Verstand wird aufgrund der gespeicherten Denkmuster trotzdem fortfahren, Sie suggestiv in Ihren Möglichkeiten und Potenzialen zu begrenzen. Umso wichtiger ist es, dass Sie sich ab jetzt immer wieder bewusst machen, dass Ihre Möglichkeiten prinzipiell lediglich durch Ihre Entscheidungen und gedanklichen Muster begrenzt sind.

Überlegen Sie einmal selbst, wann Sie rückblickend in Ihrem Leben bei einer wichtigen Entscheidung oder bei der Lösung eines Problems durch eine vorgefasste Überzeugung eingeengt und behindert waren? Entsinnen Sie sich mindestens zweier solcher Situationen. Am besten wählen Sie eine im privaten Umgang mit Menschen und eine im beruflichen Umgang mit Sachfragen.

Und nun überlegen Sie, wo der Ursprung für Ihre negative Einschätzung liegt. Hat sich diese Überzeugung wirklich aus der Situation heraus entwickelt, oder war sie bereits da. Falls ja, versuchen Sie sich prägender Erlebnisse zu entsinnen. Das braucht etwas Zeit, denn unter Umständen müssen Sie tief in Ihrem Inneren graben. Wenn Sie sich jedoch bis zu den Ursprüngen durchwühlen, werden Sie vieles über sich selbst und die Art und Weise, wie Ihr Verstand funktioniert, gelernt haben.

Die Kontrolle der Gedanken erfordert besondere Geduld und Aufmerksamkeit. Der Weg dahin geht über den »inneren Beobachter«, den wir schon im Kapitel über die Emotionen kennengelernt haben. Versuchen Sie immer wieder, sich in der Rolle des inneren Beobachters zu üben. *Machen Sie sich Gedanken darüber, ob diese Überzeugung, die Ihnen durch den Verstand vorgegeben wurde, tatsächlich mit Ihrem Selbst übereinstimmt.* Sicher haben Sie im Laufe dieses Kapitels und des ganzen Buches bereits gemerkt, dass Ihr Verstand und Ihr Selbst zwei verschiedene Dinge sind. Ihr Verstand ist ein Instrument Ihres Selbst und wird im Gegensatz zu letzterem durch vielfache äußere Umstände wie Kindheit, soziale, kulturelle und nationale Prägungen beeinflusst und hindert dadurch unser Selbst bei der Entfaltung. Versuchen Sie also einmal, tiefer nach innen zu horchen, als das durch reines Nachdenken möglich ist. Hören Sie auf Ihr Herz, Ihren Bauch, auf Ihre Intuition und Ihre innere Stimme (siehe Kapitel 5). Stehen diese Überzeugungen im Einklang mit Ihrem wahren Wesen?

Generell können Sie sich eine Frage einprägen, die wie eine rote Warnlampe in Ihrem Hinterkopf stets aufleuchten sollte, sobald Sie neuen Menschen, anderen Meinungen, scheinbaren Hindernissen und Problemen begegnen: »Welche Vorurteile hege ich gegenüber diesen Personen, Überzeugungen oder Problemen, und sind diese Vorurteile vernünftig, berechtigt und begründet?«

Die Programme, die Sie behindern und blockieren, gilt es zu löschen und durch neue, bessere zu ersetzen. Dazu im Folgenden eine kleine Meditation, die Ihnen dabei helfen soll, innere Klarheit zu erlangen und hinderliche Gedankenmuster aufzulösen.

MEDITATION FÜR INNERE KLARHEIT

Nach einigen körperlichen Übungen und Atemübungen setzen Sie sich mit dem Rücken aufrecht auf einen Stuhl oder ein Kissen. Berühren Sie mit der Zunge den Gaumen. Beginnen Sie die Meditation wie immer damit, sich an all die guten Dinge in Ihrem Leben zu erinnern, an all das, wofür Sie dankbar sein können. Gleichzeitig öffnen Sie sich innerlich für alles Gute, was zu Ihnen fließt, und für neue Erfahrungen. Stellen Sie sich voller Vertrauen vor, dass Sie stets gut behütet und geleitet werden. Verweilen Sie einen Augenblick in diesem Zustand von Dankbarkeit und Vertrauen.

Konzentrieren Sie sich auf die Mitte Ihrer Brust, ungefähr auf die Stelle, wo sich Ihr Herz befindet. Atmen Sie 3 bis 5 Mal sanft ein und aus.

Konzentrieren Sie sich auf die Mitte zwischen Ihren Augenbrauen. Atmen Sie 3 bis 5 Mal sanft ein und aus.

Entspannen Sie sich. Lenken Sie die Aufmerksamkeit auf Ihren ganzen Körper. Atmen Sie einige Male sanft ein und aus.

Konzentrieren Sie sich auf einen Punkt 10 cm über Ihrem Kopf. Visualisieren Sie weißes Licht. Beim Einatmen konzentrieren Sie sich bitte auf das weiße Licht und beim Ausatmen auf den ganzen Körper, 5 bis 7 Atemzyklen lang. Seien Sie still. Entspannen Sie sich.

AFFIRMATION ZUM AUFLÖSEN NEGATIVER GEDANKEN UND GEFÜHLSMUSTER

Führen Sie die Meditation zur inneren Klarheit durch. Nehmen Sie sich dann einen Augenblick Zeit, darüber nachzusinnen, welche Gedanken und Gefühlsmuster Sie auflösen und durch welche positiven Muster oder Eigenschaften Sie diese ersetzen wollen. Diese binden Sie dann ein in folgende Affirmation:

»Mit der Kraft meiner ganzen inneren Überzeugung opfere ich hiermit demütig all meine Schwächen und Unzulänglichkeiten, meine negativen Gedanken und Gefühle, insbesondere … Ich lasse los, ich lasse los, vollständig ganz und gar, jetzt, jetzt, jetzt!« – Stellen Sie sich vor, dass Ihre negativen Muster Sie verlassen wie dunkle Wolken, die von der Sonne aufgelöst werden.

Dann meditieren Sie über die positiven Eigenschaften, die Ihre alten Muster jetzt ersetzen: »Mit großer Dankbarkeit und voller Vertrauen fühle ich, wie … in mir wächst. Ich bin voller … Danke, danke, danke!«

Wiederholen Sie diese Affirmation 7 Mal.
Praktizieren Sie den ganzen Vorgang wenigstens 2 Mal in der Woche.

Mentale Hygiene – Freiheit für Ihren Geist

Das Wort Hygiene mag Ihnen an dieser Stelle vielleicht seltsam und deplatziert vorkommen, denn normalerweise verbinden wir mit Hygiene die äußere Reinhaltung des Körpers. Genauso wie Sie aber Ihre Haare und Ihre Haut von Schmutz reinwaschen, genauso können Sie auch Ihren Geist von Belastendem freimachen und so mehr Raum für Kreativität und mentale Produktivität entwickeln.

Die meisten Menschen sind sich ihrer enormen mentalen Energiepotenziale überhaupt nicht bewusst, da ihr Geist ständig mit einer Unmenge von kleinen Energieräubern belastet ist. Bei diesen Energieräubern handelt es sich meist um kleine

Vorhaben und Erledigungen, die auf unser Gewissen drücken, weil sie durchgeführt, bearbeitet oder geklärt werden müssten. Einzeln erscheinen sie wie Kleinkram, aber gemeinsam bilden sie einen belastenden, hemmenden, manchmal gar deprimierenden Berg von Unerledigtem. Kennen Sie das Gefühl, sich nicht auf das Wesentliche konzentrieren oder nicht richtig zur Ruhe kommen zu können, weil in Ihrem Kopf ständig Dutzende Kleinigkeiten hin- und herhüpfen, die endlich einmal von Ihnen angepackt werden müssten? Jeder Gedanke an eine solche unerledigte Sache ist begleitet von einem kurzen Gewissensbiss und damit von einem augenblicklichen Energieverlust. Selbst wenn Sie nicht immerzu daran denken, was Sie alles erledigen müssten, nagen diese Dinge in Ihrem Unterbewusstsein weiter an Ihrem Selbstbild und schwächen Ihre Kraft. Doch je schwächer Sie werden, desto weniger wird es Ihnen gelingen, die Dinge anzupacken und ein Teufelskreis beginnt. Irgendwann fühlen Sie sich innerlich vollkommen gelähmt, und höchstwahrscheinlich wird sich Ihr Körper als Notwehrmaßnahme eine »Auszeit« in Form einer Krankheit nehmen, denn Ihr Energieniveau ist völlig erschöpft.

Beim Frühstück sehen Sie über die Terrasse in den ungepflegten Garten. Als die Kinder sich auf den Weg zur Schule machen, fällt Ihnen auf, dass Sie noch keine Weihnachtsgeschenke besorgt haben. Ihre Partnerin gibt Ihnen einen Abschiedskuss, aber Sie können nur daran denken, Ihr sagen zu müssen, dass Sie sich dieses Jahr keinen Urlaub leisten können. Das Auto in der Garage müsste wieder einmal gewaschen und die Garage selbst dringend aufgeräumt werden. Auf dem Weg ins Büro denken Sie, welche

Papiere überfällig sind, welche Akten Sie immer noch nicht angefordert haben und wie Sie es wiedergutmachen können, Ihren Kollegen beim letzten Meeting unabsichtlich in ein schlechtes Licht gerückt zu haben. Sie fahren beim Zahnarzt vorbei, und da fällt Ihnen ein, dass Sie kürzlich einen Vorsorgetermin verpasst haben. Überhaupt wollten Sie doch schon so lange weniger Süßes essen. Das wiederum lässt Sie an das Fitness-Center denken, das Sie viel zu selten aufsuchen. Im Büro geben Sie einem Kollegen ein Versprechen, das sie nicht halten können und entdecken auf Ihrer Nachrichtenliste die Namen einiger alter Bekannter, bei denen Sie sich schon lange gemeldet haben wollten. Auf dem Nachhauseweg ist es bereits zu spät, um die Schwiegermutter im Seniorenheim zu besuchen oder den Anzug aus der Reinigung zu holen, und abends steht ein Besuch bei einem befreundeten Paar an, dessen Gesellschaft Sie langweilig und nervtötend finden, trotzdem aber immer wieder auf dessen Einladungen reagieren. Schließlich können Sie sich nicht einmal im Ehebett der Zärtlichkeit und Erotik hingeben, da immer noch die unausgesprochene Urlaubsfrage durch Ihren Kopf geistert.

Kennen Sie solche Tage? Gehen Ihnen in jeder ruhigen Minute tausend unerledigte Kleinigkeiten durch den Kopf und belasten Sie sich dadurch ständig selbst mit Schuldgefühlen? Nehmen Sie sich einmal 5 Minuten Zeit und tragen Sie in eine Liste nach dem untenstehenden Muster alle kleinen, unerledigten Dinge ein, die Ihnen in dieser begrenzten Zeit in den Sinn kommen.

Unerledigte Kleinigkeiten	Erledigen am …	Nicht zu erledigen	Wiedervorlage am …

Jetzt gehen Sie obige Liste einen Punkt nach dem anderen durch und treffen jeweils eine einfache Entscheidung. Kreuzen Sie entweder »Erledigen« an und legen auch sofort einen Zeitpunkt fest, den Sie parallel in Ihrem Terminkalender vermerken, oder aber Sie kreuzen »Nicht zu erledigen« an. Wenn jetzt bereits absehbar ist, dass Sie einfach keine Zeit oder Gelegenheit finden werden oder jenen Punkt aus anderen Gründen in nächster Zeit nicht werden erledigen können, streichen Sie ihn sofort. Sie *können* ihn einfach nicht erledigen, also sollten Sie sich auch nicht weiter damit belasten. *In Zukunft verfahren Sie mit jeder unerledigten Kleinigkeit, die Ihnen in den Sinn kommt, nach diesem Muster. Entweder Sie erledigen die Sache sofort, oder Sie machen mit sich einen festen Zeitpunkt aus, oder aber Sie kommen zu dem Ergebnis, die Sache nicht abarbeiten zu können oder zu wollen und streichen sie sofort und endgültig aus Ihrem Geist.*

Seien Sie unbedingt realistisch bei dieser Einschätzung. Dinge, bei denen Sie von vornherein schon wissen, dass sie sich nicht einfach so mir nichts, dir nichts streichen lassen, weil sie beispielsweise zu wichtig sind, bei denen Sie aber auch ehrlicherweise zugeben müssen, dass Sie in nächster Zeit nicht dazu kommen werden, sie zu erledigen, können Sie in die Kategorie »Wiedervorlage« einordnen. Dazu legen Sie ein bestimmtes Zeitfenster fest, in dem Sie diese Dinge erledigen werden – beispielsweise innerhalb der nächsten drei Monate –, und am besten notieren Sie sich den Zeitraum gleich in Ihrem Terminkalender.

Eine solche systematische Herangehensweise kostet Disziplin und etwas organisatorischen Aufwand, aber als Ergebnis wird Ihr Geist befreit und unbelastet von jenen Schuldgefühlen erzeugenden unerledigten Kleinigkeiten sein, und Sie werden Ihre Kräfte und Ressourcen auf das für Sie Wesentliche in Ihrem Leben konzentrieren können.

Der Kraftkreislauf der mentalen Kontrolle

Mentale Kontrolle ist unerlässlich, um uns zu entwickeln, um neue Fähigkeiten zu erwerben, um in jeder Hinsicht voranzukommen und zu einem glücklichen und zufriedenen Leben im Einklang mit unseren innersten Bedürfnissen zu gelangen. Dazu müssen wir bereit sein, uns von alten Mustern und Denkweisen nachhaltig zu trennen, nicht in Selbstmitleid zu verharren, eine durchgehend positive Lebensweise zu pflegen und in einem ständigen Prozess der Veränderung neues und adäquates Denken und Verhalten und ein weiterführendes Bewusstsein zu entwickeln.

Auch für den Kraftkreislauf der mentalen Kontrolle gilt, dass er als Orientierung und Anregung gedacht ist. Richtig wertvoll wird er aber erst, wenn Sie beginnen, sich aktiv mit ihm auseinanderzusetzen, ihm Notizen und Bemerkungen hinzuzufügen, eigene Kästchen und Pfeile zu zeichnen, und wenn Sie schließlich Ihren ganz persönlichen Kraftkreislauf der mentalen Kontrolle erstellt haben.

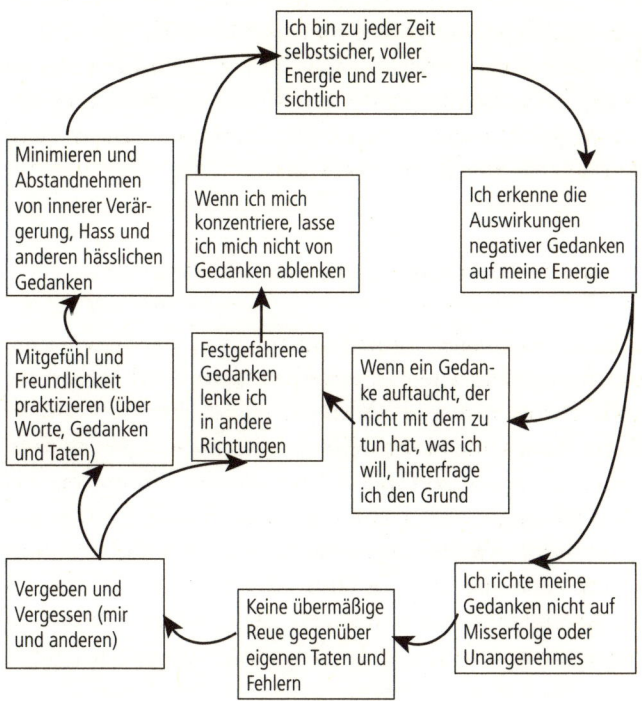

Ich bin zu jeder Zeit selbstsicher, voller Energie und zuversichtlich

Minimieren und Abstandnehmen von innerer Verärgerung, Hass und anderen hässlichen Gedanken

Wenn ich mich konzentriere, lasse ich mich nicht von Gedanken ablenken

Ich erkenne die Auswirkungen negativer Gedanken auf meine Energie

Mitgefühl und Freundlichkeit praktizieren (über Worte, Gedanken und Taten)

Festgefahrene Gedanken lenke ich in andere Richtungen

Wenn ein Gedanke auftaucht, der nicht mit dem zu tun hat, was ich will, hinterfrage ich den Grund

Vergeben und Vergessen (mir und anderen)

Keine übermäßige Reue gegenüber eigenen Taten und Fehlern

Ich richte meine Gedanken nicht auf Misserfolge oder Unangenehmes

5. Authentizität

Bin ich ein authentischer Mensch?

In den vorangegangenen Kapiteln haben wir Ihnen auf verschiedenen Ebenen Hinweise, Tipps und Übungen für mehr körperliche, emotionale und mentale Energie vorgestellt, mit deren Hilfe Sie auf allen drei Ebenen Ihr Energielevel auf ein Maximum steigern können. Sie werden staunen, welchen gewaltigen Unterschied es in Ihrem Leben machen wird, wenn alle drei dieser Quellen voll fließen können. Trotzdem ist die Summe dieser einzelnen Teile erst der Anfang. In ihrer Gesamtheit geben uns die durchlebten Kapitel die Möglichkeit, etwas viel Wertvolleres zu erreichen als eine bloße Maximierung des eigenen Energielevels. *Letztendlich geht es darum, in Einklang mit sich selbst zu sein und zu bleiben und eine beständige Einheit mit dem eigenen Wesenskern zu erlangen.* Vereinfacht ausgedrückt: Das endgültige Ziel ist, ein authentischer Mensch zu sein.

Authentizität bedeutet, aus den drei Quellen (körperlich, emotional und mental) seine Ressourcen maximal zu speisen und sie dem inneren Kompass folgend einzusetzen, so dass alles Gesagte und Getane dem wirklichen inneren Selbst entspricht und Sie das eigene Gewissen zu Ihren Lebenszielen führt. Authentisch zu leben bedeutet, nicht einfach dahinzuleben, sondern geplant, strukturiert, beständig und zielgerichtet zu leben. Authentisch zu leben bedeutet, Klarheit über die wahren inneren Ziele zu haben und diese konsequent und mit ganzem Einsatz zu verfolgen.

Zuallererst und ohne länger nachzudenken bearbeiten Sie bitte nachfolgenden Fragebogen. Lesen Sie jede Frage gründlich durch und überprüfen Sie kritisch, ob das Beschriebene mit Ihnen übereinstimmt. Am besten versetzen Sie sich dazu auch in die jeweiligen oder vergleichbaren Situationen in Ihrer Vergangenheit zurück. Nehmen Sie sich für jede Frage ausreichend Zeit, prüfen Sie sich kritisch und machen Sie das Kreuz erst, wenn Sie sich völlig sicher sind. Um das Ergebnis nicht zu verfälschen, bearbeiten Sie bitte alle Fragen in der vorgegebenen Reihenfolge und nehmen Sie keine nachträglichen Korrekturen vor.

Fragebogen: Bin ich ein authentischer Mensch?

Frage 1

Ich habe konkrete Vorstellungen von meinem Leben, wie ich es mir in Zukunft wünsche, und fühle mich auf einem guten Weg, meine Ziele auch zu erreichen. Wenn ich die Augen schließe, habe ich eine Vision, wie ich in 2 oder 5 Jahren dastehen möchte. Beispiel: An meiner Wand hängt ein Zettel mit Zielen, die ich mir für die nächsten Jahre vorgenommen habe. In meinem Terminplaner habe ich diese Ziele in Teilziele zerlegt und ihre jeweilige Erfüllung angepeilt.	WL
Das bin ich	5
Das bin ich manchmal	3
Das bin ich selten	1
Das bin ich nicht	0

Frage 2

Ich weiß, dass ich auf manches vielleicht verzichten muss, wenn mir anderes überproportional wichtig ist. Ich habe mein Leben deshalb nach klaren Prioritäten ausgerichtet. Regelmäßig überprüfe ich, ob sich meine Prioritäten geändert haben. Beispiel: Ich habe einen Beruf gewählt, bei dem ich alle zwei Jahre die Stadt und oft auch das Land wechseln muss. Ich bin mir im Klaren, dass dieser Beruf eine Familienplanung verhindern könnte. Da er aber mein Lebenstraum und mir wichtiger als sonst alles ist, übe ich ihn mit Freude aus. In ruhigen Stunden denke ich regelmäßig darüber nach, ob sich meine Gefühle vielleicht geändert haben.	SD
Das bin ich	5
Das bin ich manchmal	3
Das bin ich selten	1
Das bin ich nicht	0

Frage 3

Ich habe eine gute Menschenkenntnis und Intuition, ob andere es ehrlich meinen. Mit ausgeprägtem Spürsinn erkenne ich Schwindel und Schauspiel. Beispiel: Ich kann sofort unterscheiden, ob sich jemand mit echten Problemen an mich wendet oder nur Bestätigung und Mitleid sucht.	PE
Das bin ich	5
Das bin ich manchmal	3
Das bin ich selten	1
Das bin ich nicht	0

Frage 4

Meinen Gesprächspartnern schenke ich hundertprozentige Aufmerksamkeit. Im Gespräch höre ich meinem Gegenüber wirklich zu und versuche Interessantes und Bereicherndes von ihr oder von ihm zu erfahren. Selbst zu Wort zu kommen und Geschichten erzählen zu können, ist nicht allzu wichtig für mich. Beispiel: Hinterfragen Sie, wie viel Sie in Gesprächen, die Sie sich in Erinnerung rufen können, tatsächlich über Ihr Gegenüber gelernt und erfahren haben und ob Sie auch etwas von sich preisgegeben oder lediglich oberflächliche Image-Pflege betrieben haben.	PE
Das bin ich	5
Das bin ich manchmal	3
Das bin ich selten	1
Das bin ich nicht	0

Frage 5

Ich brauche mich niemals selbst zu fragen, warum ich etwas tue! Beispiel: Wenn ich auf den vergangenen Tag zurückblicke, erscheint mir alles Getane sinnvoll. Auch meine Lesepause am Abend. Die brauchte ich zum Abschalten und um mich zu sammeln. Danach war ich wieder in meiner Mitte und bereit, mich meiner Familie zu widmen. Ich verschwende keine Minute, sondern verbringe meine Zeit mit Dingen, die mir Freude machen und mich meinen Zielen im Leben näher bringen.	WL
Das bin ich	5
Das bin ich manchmal	3
Das bin ich selten	1
Das bin ich nicht	0

Frage 6

Wenn es etwas zu erledigen gibt, schiebe ich es nicht hinaus, sondern handle jetzt! Beispiel: Kleinigkeiten wie Briefe, Telefonate oder Besorgungen, die sofort erledigt werden können, erledige ich auch sofort. Auch bei größeren Herausforderungen und Problemen verliere ich keine Zeit, sondern mache mich sofort an die Erarbeitung einer Lösung.	SD
Das bin ich	5
Das bin ich manchmal	3
Das bin ich selten	1
Das bin ich nicht	0

Frage 7

Ich lasse mich bei anderen Menschen und allgemein nicht so schnell von Äußerlichkeiten beeindrucken! Bei neuen Bekanntschaften, ob privat oder beruflich, versuche ich möglichst schnell einen Blick hinter die Maske zu werfen und die Person besser kennen lernen. Beispiel: Ich habe ein Interesse an anderen Menschen und ein Bedürfnis, ihre Menschlichkeit zu erkennen. Von Oberflächlichkeiten wie Kleidung, Auftreten oder Rhetorik lasse ich mich weder blenden noch abschrecken. Ich glaube an das Gute und Beste in jedem Menschen und bin auch stets bereit, danach zu suchen.	PE
Das bin ich	5
Das bin ich manchmal	3
Das bin ich selten	1
Das bin ich nicht	0

Frage 8

Ich habe dezidierte Meinungen, bin aber auch flexibel und verharre nicht sinnlos auf Standpunkten. Eine unerwartete Erfahrung oder ein neues Argument kann meine Meinung über etwas - sei es beruflich, politisch oder privat - oft unmittelbar und grundlegend verändern. Beispiel: Es macht mir Freude, mir an einem Thema intellektuell die Zähne zu wetzen und Sachverhalte aller Art, ganz gleich ob politische, wissenschaftliche oder sonstige, vollständig zu begreifen. Ich gebe mich mit einer gefundenen Wahrheit nie zufrieden, sondern denke, dass es immer noch eine tiefere Wahrheit geben muss. Da ich weiß, dass man nur selten die absolute Wahrheit von etwas gefunden hat, bin ich für andere Meinungen und Standpunkte immer offen und auch stets bereit, meine Position zu verändern.	PE
Das bin ich	5
Das bin ich manchmal	3
Das bin ich selten	1
Das bin ich nicht	0

Frage 9

Ich denke oft darüber nach, woher meine Verhaltens- und Denkmuster stammen und welche ich wohl von anderen übernommen habe! Ich bemühe mich, meine Ansichten immer wieder kritisch zu hinterfragen und die Dinge oder Personen auch aus anderen Blickwinkeln zu betrachten. Beispiel: Ist mir jemand unsympathisch, suche ich die Verantwortung auch bei mir. Erinnert mich die Person vielleicht an einen Teil von mir, mit dem ich schwer klarkomme? Ich überprüfe mich stets, ob ich eventuell aufgrund unangebrachter Vorurteile urteile oder handle.	PE
Das bin ich	5
Das bin ich manchmal	3

Das bin ich selten	1
Das bin ich nicht	0

Frage 10

Ich nehme mir nur so viel vor, wie ich auch bewältigen kann. Ich kenne meine geistigen und körperlichen Grenzen und habe die Disziplin, sie nicht zu überschreiten. Beispiel: Fällt es Ihnen schwer, Aufgaben und Gefallen abzulehnen, selbst wenn Sie sich bereits hochgradig belastet fühlen? Wie ist Ihr durchschnittlicher körperlicher und mentaler Zustand am Feierabend und am Wochenende?	SD
Das bin ich	5
Das bin ich manchmal	3
Das bin ich selten	1
Das bin ich nicht	0

Frage 11

Wenn ich das Gefühl habe, an einem Punkt nicht weiterzukommen, verzage ich nicht, sondern suche nach anderen Möglichkeiten. Ich habe keine Furcht, Dinge aufzugeben (Beruf, Partnerschaft), wenn ich das Gefühl habe, mich nicht entwickeln zu können und in eine Sackgasse geraten zu sein. Beispiel: Erinnern Sie sich an das Ende Ihres letzten Lebensabschnittes. Vielleicht an den Beginn des Studiums oder an den letzten Berufs- und/oder Ortswechsel. Wie schwer fiel es Ihnen, Vertrautes gegen Neues einzutauschen und wie oft sind Sie in einer solchen Situation vielleicht vor einer Veränderung zurückgeschreckt?	SD
Das bin ich	5

Das bin ich manchmal	3
Das bin ich selten	1
Das bin ich nicht	0

Frage 12

Ich habe feste moralische Prinzipien, zu denen ich auch stehe. Das habe ich mir auch schon in persönlichen Krisen bewiesen. Beispiel: Denken Sie an die letzten Situationen, in denen moralisches Handeln von Ihnen gefragt war. Beispielsweise bei der Beendigung einer Beziehung oder im Wettstreit mit einem Kollegen. Bewerten Sie kritisch, ob Ihr Verhalten mit Ihren Worten und Prinzipien in Übereinstimmung war.	WL
Das bin ich	5
Das bin ich manchmal	3
Das bin ich selten	1
Das bin ich nicht	0

Frage 13

Wenn ich mir etwas vorgenommen habe, setze ich es konsequent und diszipliniert um! Dabei plane ich sorgfältig und arbeite ein Zeitmanagement aus. Beispiel: Wie sind Sie an das letzte größere Projekt in Ihrem Leben herangegangen? Haben Sie überlegt, welche Ressourcen Sie dafür benötigen und diese konsequent geschaffen? Haben Sie sich Aufgabenpläne und Zeiteinteilungen erstellt und konsequent und beständig danach gehandelt?	SD
Das bin ich	5
Das bin ich manchmal	3

Das bin ich selten	1
Das bin ich nicht	0

Frage 14

Ich lehne Aberglauben und dogmatische Gläubigkeit ebenso wie dogmatische Ungläubigkeit ab und lebe nach dem Prinzip, alles zu überprüfen! Beispiel: Ein Freund empfiehlt Ihnen für Ihre Rückenschmerzen einen Akupunkteur, von dessen Methode Sie nicht überzeugt sind. Trotzdem treten Sie dem Therapeuten ohne Vorurteile gegenüber und bewerten seine Methode allein nach Ihren eigenen Erfahrungen über deren Wirksamkeit.	PE
Das bin ich	5
Das bin ich manchmal	3
Das bin ich selten	1
Das bin ich nicht	0

Frage 15

Ich bin mir der Stärke meiner Gedanken bewusst und nutze sie zur Unterstützung meiner Ziele und Wünsche. Beispiel: Während der Arbeit an einem übergeordneten Ziel visualisieren Sie immer wieder das zu Erreichende und bestärken so Ihr Selbst- und Zielbewusstsein.	SD
Das bin ich	5
Das bin ich manchmal	3
Das bin ich selten	1
Das bin ich nicht	0

Frage 16

Ich verändere bewusst meine äußeren und inneren Verhältnisse, wenn sie nicht mit dem übereinstimmen, wie ich es in meinem Leben haben will und dem, was ich erreichen will! Beispiel: Würden Sie von sich behaupten, dass Sie es sind, der/die hauptsächlich Ihr Leben gestaltet oder waren die Richtungsentscheidungen in Ihrem Leben eher fremdbestimmt?	WL
Das bin ich	5
Das bin ich manchmal	3
Das bin ich selten	1
Das bin ich nicht	0

Frage 17

Ich habe stets vor Augen, was für mich wichtig ist!	WL
Das bin ich	5
Das bin ich manchmal	3
Das bin ich selten	1
Das bin ich nicht	0

Frage 18

Mein Leben ist sinnvoll, ich genieße jeden Moment davon! Ich bin glücklich! Beispiel: In einer stillen Minute fragt Sie ein guter Freund überraschend: »Bist du glücklich?« Können Sie nach kurzem Nachdenken mit einem festen und klaren »Ja!« antworten?	WL

Das bin ich	5
Das bin ich manchmal	3
Das bin ich selten	1
Das bin ich nicht	0

Auswertung des Fragebogens:

Fragen	Wille und Leidenschaft	Stärke und Disziplin	Präsenz und Empathie
Frage 1		▓	▓
Frage 2	▓		▓
Frage 3	▓	▓	
Frage 4	▓	▓	
Frage 5		▓	▓
Frage 6	▓		▓
Frage 7	▓	▓	
Frage 8	▓	▓	
Frage 9	▓	▓	
Frage 10	▓		▓
Frage 11	▓		▓
Frage 12		▓	▓
Frage 13	▓		▓
Frage 14	▓	▓	
Frage 15	▓		▓
Frage 16		▓	▓
Frage 17		▓	▓
Frage 18		▓	▓
Gesamt			

Punktzahl Wille & Leidenschaft: _____
von 35 möglichen.
Punktzahl Stärke & Disziplin: _____
von 35 möglichen.
Punktzahl Präsenz & Empathie: _____
von 35 möglichen.

Wille & Leidenschaft bedeutet, Sie besitzen ein klares Bild von Ihren Zielen und Sie verfolgen diese mit Engagement und großer Hingabe. Alles, was Sie tun, tun Sie mit Einsatz. Sie können sich für Aufgaben und Herausforderungen begeistern und stecken andere mit Ihrer Tatkraft an. In einem Team reißen Sie die anderen Mitglieder mit und als Redner lassen Sie den Funken überspringen. Wenn Ihre Punktzahl in diesem Bereich unter 15 liegt, gehen Sie noch einmal zurück und betrachten die Fragen 1, 5, 12, 16, 17 und 18. Auf die darin angesprochenen Bereiche sollten Sie im nächsten Kapitel Ihr Hauptaugenmerk richten.

Stärke & Disziplin bedeutet, dass sie tiefe Bretter bohren. Sie sind ein beständiger Arbeiter, der äußere und innere Widerstände mit Ausdauer und Beharrlichkeit überwindet und seine Ziele dabei nie aus den Augen verliert. Sie können sich gut und lange konzentrieren, sind strukturiert und gehen Aufgaben geplant und durchdacht an. Wenn Ihre Punktzahl in diesem Bereich unter 15 liegt, gehen Sie noch einmal zurück und betrachten die Fragen 2, 6, 10, 11, 13, und 15. Auf die hier angesprochenen Bereiche sollten Sie im nächsten Kapitel Ihr Hauptaugenmerk richten.

Präsenz & Empathie bedeutet, Sie besitzen eine hohe Auffassungsgabe und können sich schnell und leicht in andere
Menschen hineindenken und hineinfühlen. Bei der Erledi-
gung einer Aufgabe können Sie sich vollständig auf diese
konzentrieren, können Ihre Aufmerksamkeit aber auch
unmittelbar auf andere Dinge lenken. Allgemein zeichnen
Sie sich durch ständige Handlungsbereitschaft aus. Wenn
Ihre Punktzahl in diesem Bereich unter 21 liegt, gehen Sie
noch einmal zurück und betrachten die Fragen 3, 4, 7, 8, 9
und 14. Auf die darin angesprochenen Bereiche sollten Sie
bei Ihrer Wochenmeditation zur persönlichen Entwicklung
(siehe Kapitel 4 – Auflösen negativer Gedankenmuster) Ihr
Hauptaugenmerk richten.

Hauptnutzen dieses Fragebogens sollte aber nicht seine
Auswertung sein, sondern Ihre persönliche Auseinandersetzung mit Entwicklungsmöglichkeiten Ihrer Persönlichkeit,
die Ihnen bisher vielleicht nicht so deutlich bewusst waren.

Den inneren Kompass finden

Sie haben in den vorangegangenen Kapiteln gelernt, Ihre
Energie auf körperlicher, emotionaler und mentaler Ebene
zu maximieren; aber jede noch so große Energie ist nutzlos,
wenn Sie nicht zielgerichtet und klar eingesetzt wird. Wie
treffen Sie jedoch die angemessene Entscheidung, wohin
Sie mit der neu gewonnenen Energie wollen und welches
Ziel Sie vorrangig ansteuern sollten? Was ist Ihr innerer
Kompass und wohin zeigt er? *Unabhängig von Ihrem Energiepegel werden Sie Ihr Glück erst dann finden, wenn Sie
gelernt haben, diesen Kompass zu lesen, auf Ihre Intuition und*

Ihr Gewissen zu hören und Ihre Gedanken, Worte und Taten nach Ihrem Innersten auszurichten.

Eine Frau, die sich beruflich und privat in ständigen Auseinandersetzungen mit Kollegen und Bekannten befand, beklagte sich, dass sie in ihrem Leben laufend und an allen Fronten um ihr Recht kämpfen müsse. Offensichtlich war sie eine tatkräftige, energiegeladene Powerfrau, die aber trotz ihres beruflichen Engagements und Erfolgs keine Ruhe und Zufriedenheit finden konnte. Mit der Zeit entwickelte sie verschiedenste chronische Erkrankungen, die weder auf klassische noch alternative Heilmethoden ansprachen. Ihre Lebensumstände änderten und besserten sich erst, als sie lernte, zur Ruhe zu kommen, auf ihre innere Stimme zu hören und ihr Leben neu, an ihren echten Zielen und Bedürfnissen auszurichten.

Bei der Befragung erfolgreicher Existenzgründer wurde deutlich, dass die meisten von ihnen – trotz umfassender fachlicher Ausbildung auf einem bestimmten Gebiet – bei der Umsetzung ihrer Geschäftsidee einer Eingebung, einer Intuition, einer inneren Stimme folgten. Diese innere Richtungsansage sicherten sie zwar ab durch solide Managementstrategien und viel harte Arbeit, doch am Beginn ihres beruflichen Erfolgs stand keine seitenlange Konkurrenzanalyse, sondern das Vertrauen in die Führung durch das eigene Selbst. Und im Laufe ihres weiteren Lebens lernten viele dieser neuen Chefs, nicht nur auf ihre innere Stimme zu hören, sondern in wichtigen Situationen auch auf die innere Eingebung *zu warten*. Diese innere Eingebung nahmen sie als wichtigen Hinweis ihres Selbst an, dann durchdachten sie ihr Projekt gründlich und begannen, es nach bestem Wissen und Gewissen umzusetzen.

Bei der Entscheidung für ein Studium wirken viele Einflüsse auf den jungen Menschen ein: die Empfehlung der Schule, die Tradition in der Familie, konkurrierende Ziele, z.B. viel Geld zu verdienen oder sozial tätig zu sein, sowie die Vor- und Nachteile verschiedener Universitäten. Am Ende und am neuen Anfang sollte allerdings die Frage stehen: »Was will ich?«, was bedeuten sollte: »Was entspricht meiner inneren Vision?« Damit ist nicht nur gemeint: »Ich möchte Millionär werden« oder »Ich möchte berühmt sein«. Das wäre zu kurz gegriffen. Ich prüfe meine Entscheidungen unter dem Aspekt, dass ich dem Ziel dienen will, dem mein Leben dient. Wozu erwerbe ich Wohlstand und Anerkennung, wozu kann ich sie einsetzen? Wie nutze ich meine körperliche Fitness und Gesundheit optimal? Wie nutze ich mein Wissen und meine Ausbildung zur Erfüllung meiner höchsten Ziele? Nur unter solchen Aspekten sollten junge Menschen die weitreichende Entscheidung treffen, welche Ausbildung sie anstreben.

Es mag hochtrabend klingen, den Sinn seines Lebens bestimmen zu wollen, ist aber doch notwendig und gar nicht so schwierig, wie man vielleicht annimmt. Es bedarf nur einer bewussten Anstrengung und eines wirklichen Willens sowie, vorranging und in aller Ruhe, der Hinwendung zum eigenen inneren Wesenskern. Mit Geduld, Aufmerksamkeit und Vertrauen entsteht ein inneres Bild, auf das man sich verlassen darf. Dieses Bild kann sich im Übrigen mit den verschiedenen Phasen Ihres Lebens verändern.

Vielleicht entscheidet man sich nach der Schulzeit für eine kaufmännische Ausbildung und ist damit auch voll im Einklang mit seinem Innersten. Man sammelt Erfahrungen im Beruf und in der alltäglichen Praxis, doch nach einigen Jahren bekommt das Leben einen anderen Schwerpunkt. Oftmals werden solche Wendepunkte im Leben scheinbar von außen herbeigeführt: durch Schicksalsschläge, Krankheiten, Trennung von einem Partner, Arbeitslosigkeit oder Ähnliches. Solche Situationen sollten Sie stets folgendermaßen verstehen: Der innere Kompass möchte neu ausgerichtet werden, ein Kurswechsel ist angesagt, die innere Führung möchte uns einen neuen Weg weisen, ein neuer Lebensabschnitt mit neuen Erfahrungen und Entwicklungsmöglichkeiten wartet! Unsere Aufgabe ist es dann, herauszufinden, in welche Richtung der Kompass sich drehen möchte, und nicht etwa, in Stagnation und Selbstmitleid zu verharren.

Also entschließt man sich vielleicht aufgrund einer der oben geschilderten Situationen, noch ein Medizinstudium anzuschließen, und investiert nun dort seine ganze Kraft. Die Entscheidung für den kaufmännischen Beruf war seinerzeit durchaus die richtige gewesen. Sie hatte ihren Sinn und war keinesfalls verschenkte Zeit. Die kaufmännischen Kenntnisse kommen einem sehr zugute, wenn man später vielleicht eine eigene Praxis eröffnen möchte, und die vielfältigen Erfahrungen mit früheren Kollegen und die Arbeit in der Geschäftswelt helfen beim Verständnis und im Umgang mit den Patienten. *Jede souveräne Entscheidung stand zu ihrer Zeit in Übereinstimmung mit den inneren Wünschen und Zielen, und aus all solchen Entscheidungen heraus entfaltet sich ein erfülltes und glückliches Leben.*

Kennen Sie das Gefühl, auf dem richtigen Weg zu sein? Alles entwickelt sich, alles ist im Fluss, Ihre Ziele und Träume gewinnen an Kontur, und Sie fühlen sich wie an einer Schnur durchs Leben gezogen. Das ist das Ziel. Voraussetzung dafür ist das nötige Maß an Kraft sowie eine innere Sicherheit und Gewissheit, diese Kraft zielgerichtet einzusetzen und mit klaren Schritten bewusst den eigenen Weg zu gehen. Im nächsten Kapitel werden wir uns noch eingehend mit der konkreten Umsetzung des hier Gesagten beschäftigen.

Eine unerlässliche Voraussetzung für authentisches Leben ist es, mit uns selbst in Einklang zu sein. Der Weg dahin führt über die innere Stimme, die uns im Leben bewusst meist als Intuition und als Gewissen begegnet, die uns aber ständiger Begleiter und Wegweiser sein kann, wenn wir lernen, sie zu vernehmen und auf sie zu hören.

Wichtig ist vor allen Dingen, Vertrauen in die innere Stimme und die inneren Bilder zu entwickeln. Viele Menschen hören vielleicht vage eine innere Stimme und haben eine, wenn auch verschwommene, Vorstellung davon, wo es langgeht. Aber Sie schenken ihr zu wenig Gehör und lassen sich von äußeren Einflüssen, den Meinungen anderer oder ähnlichen Widerständen immer wieder von Ihrem Weg abbringen. Vielleicht erinnern Sie sich selbst an eine solche Situation: »Irgendwie hatte ich das Gefühl, ich sollte dieses oder jenes tun, aber meine Eltern / meine Freunde meinten, tu's bloß nicht etc. etc. Also habe ich mich für etwas anderes entschieden, aber heute weiß ich, ich hätte auf meine innere Stimme hören sollen ...«

Regelmäßiges Praktizieren der genannten Übungen und Meditationen wird Ihnen mit der Zeit Ihre innere Stimme näher bringen. Haben Sie Geduld und Vertrauen, achten Sie auf Disziplin und Ausdauer in Ihrer alltäglichen Lebenspraxis, und mit der Zeit werden Sie merken, wie Ihre innere Stimme hörbar wird.

Die Kraftkreisläufe der Authentizität

Aufgrund der Komplexität des Themas haben wir den Kraftkreislauf auf 3 Unterkreisläufe heruntergebrochen. Den Kraftkreislauf des Willens und der Leidenschaft, den der Stärke und Disziplin und den der Präsenz und Empathie. Alle drei zusammen bilden zusammenfassend den Kraftkreislauf der Authentizität. Nehmen Sie sich etwas Zeit und arbeiten Sie aktiv mit den folgenden Kraftkreisläufen. Nehmen Sie dazu am besten auch noch einmal das Ergebnis des Fragebogens am Anfang des Kapitels zu Hilfe und widmen Sie dem Kreislauf, bei dem Sie eine besonders niedrige Punktzahl erzielten, extra viel Aufmerksamkeit.

DER KRAFTKREISLAUF DES WILLENS UND DER LEIDEN-SCHAFT

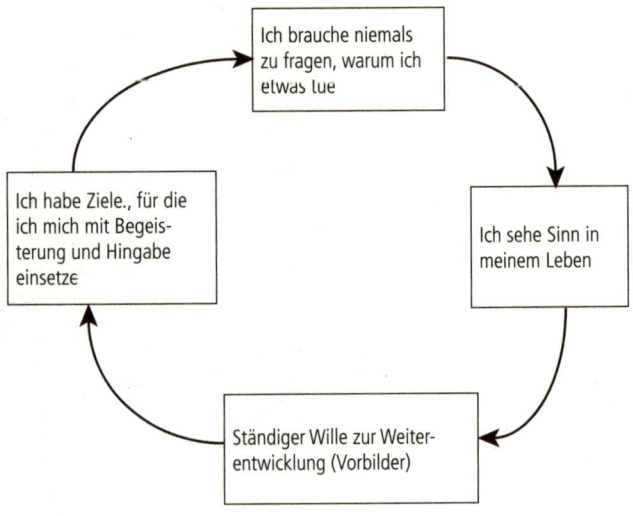

Ich brauche niemals zu fragen, warum ich etwas tue

Ich sehe Sinn in meinem Leben

Ständiger Wille zur Weiterentwicklung (Vorbilder)

Ich habe Ziele., für die ich mich mit Begeisterung und Hingabe einsetze

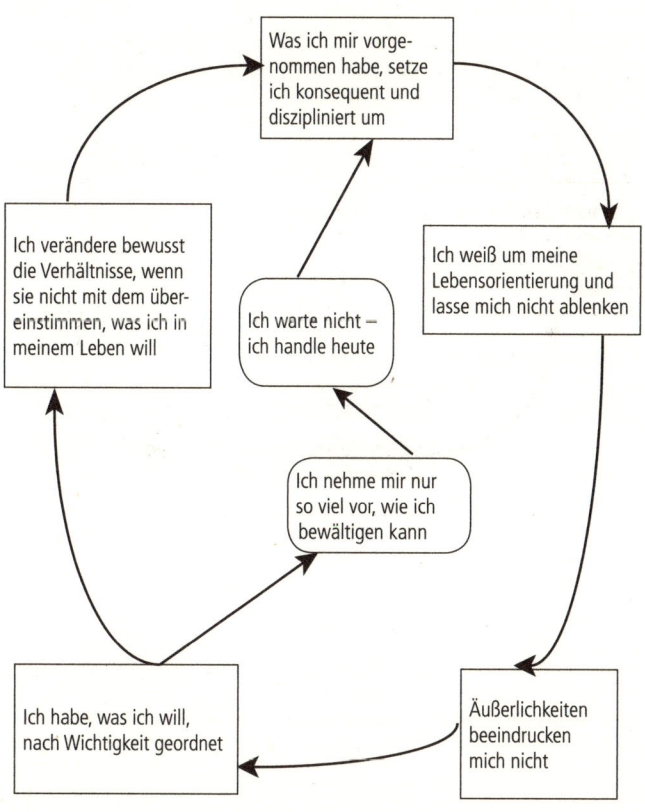

DER KRAFTKREISLAUF DER PRÄSENZ UND EMPATHIE

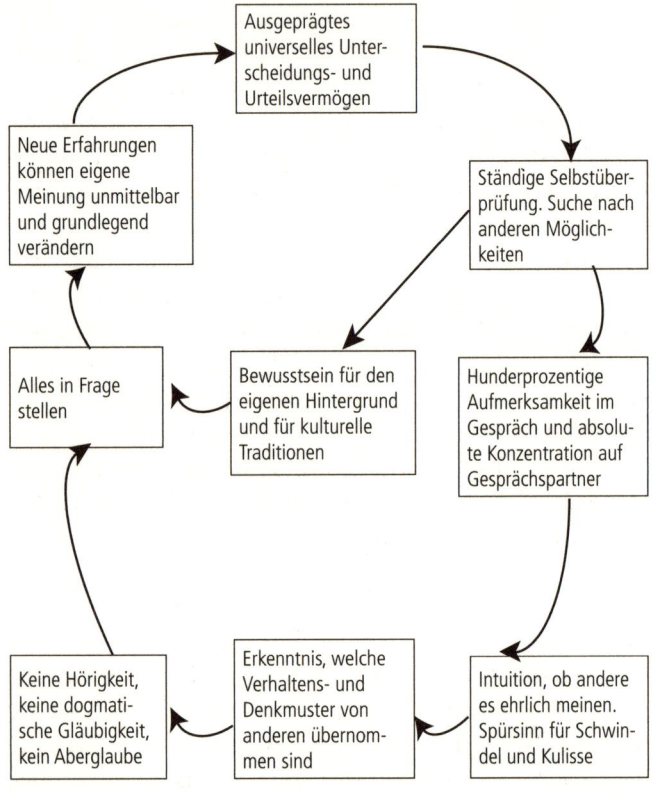

Ausgeprägtes universelles Unterscheidungs- und Urteilsvermögen

Ständige Selbstüberprüfung. Suche nach anderen Möglichkeiten

Hunderprozentige Aufmerksamkeit im Gespräch und absolute Konzentration auf Gesprächspartner

Intuition, ob andere es ehrlich meinen. Spürsinn für Schwindel und Kulisse

Erkenntnis, welche Verhaltens- und Denkmuster von anderen übernommen sind

Keine Hörigkeit, keine dogmatische Gläubigkeit, kein Aberglaube

Alles in Frage stellen

Neue Erfahrungen können eigene Meinung unmittelbar und grundlegend verändern

Bewusstsein für den eigenen Hintergrund und für kulturelle Traditionen

6. Neue Wege beschreiten

Wohin geht die Reise: Ziele, Werte und Visionen

Nachdem Sie sich nun bereits eingehend damit auseinandergesetzt haben, inwieweit Ihr Leben sich mit Ihrem Innersten in Einklang befindet, inwieweit Sie ein authentisches Leben führen, inwieweit Sie bereits Wille und Leidenschaft, Stärke und Disziplin, Präsenz und Empathie und Ihre innere Stimme entwickelt haben, geht es nun an die konkrete Umsetzung: *Wohin geht die Reise, und wie komme ich ans Ziel?*
Ganz sicher wird sich im Laufe dieses Kapitels der Schleier Stück für Stück heben, und Sie werden erkennen, was Ihre Ziele und Prinzipien wirklich sind. Sie werden lernen, wie Sie diese Ziele und Prinzipien auch tatsächlich erreichen können und wo Sie sich eventuell selbst im Weg stehen.

Nehmen Sie sich bitte ausreichend Zeit, gehen Sie in sich und bringen Sie Ihre langfristigen Ziele, Wünsche und Visionen zu Papier. Schreiben Sie bitte zu jeder der folgenden Kategorien Ihre Idealvorstellung auf. Visualisieren Sie Ihren Wunschzustand und fassen Sie ihn in wenige, beschreibende Worte. Achten Sie aber darauf, den Beispielen entsprechend, möglichst konkret zu sein. Für diese Übung ist es essenziell, dass Sie sich an einen ruhigen, abgeschiedenen Ort begeben und wirklich mit sich und Ihren Gedanken allein sein können.

Kategorie	Ihre Ziele, Wünsche und Visionen	Beispiel
Beruf/Karriere		Ich möchte einen eigenen Schreinereibetrieb führen, der im Jahr mindestens EURO 100.000 Netto-Gewinn abwirft.
Partnerschaft/Familie		Ich wünsche mir einen/ eine Lebenspartner/in an meiner Seite, der/die meine Ziele teilt und mit dem/der ich gemeinsam eine harmonische Familie gründen kann.
Freundschaft/soziales Umfeld		Ich wünsche mir einen unternehmungsfreudigen Kreis von Menschen, die mit mir reisen und meine Vorliebe für Yoga und Meditation teilen.
Eigene Entwicklung		Ich wünsche mir, frei und unbeschwert auch vor großen Gruppen sprechen zu können.
Wohlstand/Besitz/ Lebensumstände		Ich möchte mit meiner Familie in einem großen, efeubewachsenen Einzelhaus mit mindestens 1000 qm Garten samt Obstbäumen und Teich wohnen und mir dies ohne finanzielle Einschnitte leisten können.

Hobbys/Leidenschaften		Ich möchte eine Segelflug-prüfung ablegen.
Gesundheit		Ich möchte mein Gewicht regulieren und dafür sorgen, dass meine Blutdruckwerte durchgängig im Normalbe-reich liegen.

Sie haben nun Ihre Ziele im Leben niedergeschrieben. Wenn Sie dieser starke Ausdruck an dieser Stelle verunsichert und Sie intuitiv denken: »Das sind doch nicht meine Lebensziele!«, dann gehen Sie noch einmal zurück und überarbeiten Sie sie. Es bringt wenig, wenn Sie niederlegen, was Sie sich für die nächste Woche vorgenommen haben. *Es geht darum, niederzuschreiben, wie Sie möchten, dass Ihr zukünftiges, authentisches Leben aussieht, und zwar so konkret und fokussiert wie möglich.* In diesem Bewusstsein überprüfen Sie bitte noch einmal das eben Geschriebene.

Bevor wir uns damit beschäftigen, wie Sie die Verwirklichung Ihrer Ziele am effektivsten angehen, geht es erst einmal darum, Ihre Lebensziele als solche zu evaluieren und festzustellen, ob es sich um »richtige« Ziele handelt. *Für die Bewertung Ihrer Ziele gibt es keine objektiven Kriterien, sondern entscheidend ist, ob es sich um Visionen handelt, deren Verwirklichung nachhaltig Glück und Zufriedenheit in Ihr Leben bringen würde und ob sie tatsächlich mit Ihrem innersten Wesenskern in Einklang stehen.* Oftmals streben wir im Leben nach Besitztümern oder Statussymbolen, deren letztendlicher Erwerb nicht mehr als ein laues Lüftchen der Freude und dann eine große Leere zurücklässt. Die Frage, ob es sich bei Ihren Zielen um »richtige« Ziele handelt, können Sie selbst mit Hilfe Ihrer inneren Stimme beantworten. Es gibt allerdings einige Übungen, die Ihnen helfen können, Ihr Urteil zu fällen.

Praktizieren Sie die Meditation für innere Klarheit aus Kapitel 4.

Dann schließen Sie eine gewisse Zeit, wie kurz oder lange Sie auch immer benötigen, die Augen und versuchen, ein Ziel nach dem anderen vor Ihrem inneren Auge Wirklichkeit werden zu lassen. Malen Sie sich Ihr Leben in allen Facetten aus, nachdem Ihr jeweiliges Lebensziel wahr geworden ist, und fragen Sie sich in Ihrer Vorstellung kritisch und ehrlich: »Bin ich glücklich?«

Nehmen Sie nun noch einmal Ihre Liste zur Hand und gehen Sie die einzelnen Punkte durch. Sie werden nun genügend innere Klarheit haben, um zu merken, welche Wünsche die »richtigen« sind und welche nicht. Wenn Sie sich immer noch nicht ganz sicher sind, können Sie die Meditation zu einem späteren Zeitpunkt noch einmal wiederholen, um dann im Anschluss zu einer noch klareren Entscheidung zu kommen.

Das Ergebnis dieser Übung fällt bei jedem Menschen unterschiedlich aus. Höchstwahrscheinlich gibt es aber mindestens zwei oder drei Kategorien, in denen Sie feststellen mussten, »was ich aufgeschrieben habe, trifft noch nicht ganz, was ich eigentlich möchte«. Es ist nicht nötig und meist auch nicht möglich, dass Sie unmittelbar herausfinden, was Ihre »wahren« Ziele sind. Behalten Sie den Gedanken einfach in Ihrem Geist, machen Sie sich in regelmäßigen Abständen Gedanken darüber, und mit der Zeit wird ein neues Bild in Ihrem Kopf entstehen.

Ein weiteres sehr wichtiges Kriterium, das »richtige« Ziele aus- zeichnet, ist, dass Sie sich, um sie zu erreichen, entwickeln und verändern müssen. Werfen Sie noch einmal einen Blick auf Ihre Liste und fragen Sie sich, ob Sie sich jetzt, als Mensch mit dem gegenwärtigen Wissen und Können, den aktuellen Fähigkeiten und Kompetenzen in der Lage halten sehen, diese Ziele zu erreichen. Bei mindestens zwei oder drei der Ziele sollte Ihre Antwort klar und deutlich »Nein« lauten. Ist das nicht der Fall, bedeutet es, dass Ihnen möglicher- weise die Bereitschaft zur Veränderung fehlt.

Wenn man die Menschen fragt, ob sie bereit sind, zu wach- sen und sich zu entwickeln, sagen annähernd 90 Prozent ja. Fragt man dieselben Menschen, ob sie bereit sind, sich grundlegend zu verändern, äußern sich nur noch knappe 40 Prozent zustimmend. Die Hälfte der Befragten war sich, vielleicht geht es Ihnen ähnlich, nicht darüber im Klaren, dass Wachstum Veränderung bedeutet. Wenn Sie die Sehn- süchte und Visionen, die Sie niedergeschrieben haben, alle als der Mensch erreichen können, der Sie heute sind, bedeu- tet das, Sie wollen sich nicht entwickeln. Dahinter steht allerdings keine Angst davor, sich zu entwickeln, sehr wohl aber die Furcht, sich verändern zu müssen. Leider muss ich Ihnen sagen, es ist ein und dasselbe. Um Ihren Traumjob zu erhalten, werden Sie Ihre alte, sichere Tätigkeit früher oder später kündigen oder aufgeben müssen. Um den Partner zu suchen, mit dem Sie eine Familie gründen wollen, müssen Sie die jetzige bequeme, aber leidenschaftslose Beziehung beenden. *Wachstum benötigt Veränderung, und Veränderung bedeutet Bekanntes und Bequemes aufzugeben.* Darüber können Sie sich ärgern und grämen, was Sie eine Menge Energie kostet, oder Sie können das Leben so nehmen, wie es eben ist und das Beste daraus machen.

Sie müssen Altes aufgeben, um Neues zu erreichen. Das ist ein Naturgesetz, an dem Sie nichts ändern können. Also fürchten Sie sich nicht vor Veränderung, sondern tun Sie, was nötig ist. *Leben Sie Ihre wahren Sehnsüchte und Visionen und sehen Sie nicht sentimental zurück zu dem, was Sie hinter sich gelassen haben.* Als Familienvater sehnen Sie sich vielleicht nach den wilden Studentenjahren zurück, und als selbstständiger Journalist denken Sie bisweilen wehmütig an die freien Wochenenden als Sachbearbeiter. Aus solchen Erinnerungen können Sie entweder Kraft schöpfen oder aber sich über eventuell Versäumtes oder über das, worauf Sie verzichten müssen, grämen. Das ist Ihre eigene Entscheidung, denn das Leben befindet sich nun mal im Fluss, und was wir haben, können wir nicht festhalten. Wenn wir es versuchen, verbauen wir uns damit selbst unsere Entwicklungsmöglichkeiten. Für alles, was wir wählen, für jeden Weg, den wir gehen, gibt es Hunderte anderer Optionen, die wir nicht gewählt und Wege, die wir nicht beschritten haben. *Um nichts zu bereuen, ist es notwendig, dass Sie Ihre Entscheidungen stets bewusst treffen und sich nicht von Angst oder Furcht vor Herausforderungen abhalten lassen.* Wenn Sie so leben, können Sie stets zurückdenken an die schönen Zeiten, die Sie erlebt haben, aber genauso glücklich und dankbar darüber sein, dass Sie diesen Weg gewählt haben. Wenn die Angst vor Veränderung ein Thema für Sie ist, empfehle ich Ihnen die Lektüre des »Faust« von Johann Wolfgang von Goethe (was ich auch ganz unabhängig davon tue). Bereits im ersten Akt schließt Faust einen Pakt mit Mephisto. Er ist bereit, seine Seele an den Teufel zu verlieren, sobald er nur einmal ausrufen wird: »Augenblick, verweile doch, du bist so schön!« Goethe will damit zum Ausdruck bringen, dass das menschliche Leben ständige Veränderung bedeutet und dass sich ein Mensch, der sich an Erreichtem und Erworbenem festklammert, jede Chance auf Weiterentwicklung verbaut und sein Leben somit eigentlich nutzlos ist. Dem ist nichts hinzuzufügen.

Denken Sie kurz über das Erfahrene nach und überprüfen Sie dann jedes Ihrer Ziele kritisch.
In einer weiteren Spalte schreiben Sie auf, wie Sie sich innerlich und/oder äußerlich verändern müssen, um dieses Ziel zu erreichen. Innerliche Veränderung bedeutet charakterliche Entwicklung und die Aneignung von Fähigkeiten. Äußerliche Entwicklung bedeutet zum Beispiel das konsequente Suchen einer neuen Arbeitsstelle oder die Scheidung von Ihrem Partner.

Blicken wir kurz auf das bereits Geleistete zurück. Sie haben sich Gedanken über Ihre Ziele im Leben gemacht und sich intensiv damit befasst, ob diese wirklich mit Ihren wahren Wünschen übereinstimmen. Danach haben Sie sich zu jedem Ziel überlegt, welche Veränderungen die Verwirklichung in Ihrem Leben bewirken würde und welche persönlichen Entwicklungen dafür nötig wären. Bei einigen Ihrer Ziele sind im Laufe der beiden Übungen vielleicht Zweifel entstanden, ob sie in der niedergelegten Form tatsächlich das erhoffte Glück in Ihr Leben bringen würden. Über diese Bereiche werden Sie sich beständig Gedanken machen und Schritt für Schritt eine klarere Vision entwickeln, die in Einklang mit Ihrem Selbst steht. Sobald Sie ein Ziel neu formuliert haben, empfiehlt es sich, die absolvierten Schritte erneut zu durchlaufen. Auch Ihre bestätigten Wünsche sollten Sie selbstverständlich regelmäßig auf ihre Gültigkeit überprüfen.

Als hätten Sie damit noch nicht genug zu tun, müssen wir Ihnen sagen, das war erst der Anfang. Sie haben nun Ihre Zielbaustellen und auch eine grobe Vorstellung, welche Veränderungen und Entwicklungen notwendig sind, aber noch keinen konkreten Umsetzungsplan. Diesen gilt es Schritt für Schritt im Folgenden zu erarbeiten.

Der erste Schritt

Auch die größten Ziele können nur über viele kleine Schritte erreicht werden. Natürlich kann es auch passieren, dass Ihnen ein plötzlicher Lottogewinn zufällt und Sie sich Ihre Lebensvision einer eigenen Firma über Nacht erfüllen können. Rechnen sollten Sie mit einer solchen Schicksalsfügung allerdings nicht. *Die meisten Ihrer Träume können Sie auch aus eigener Kraft verwirklichen. Nicht über Nacht, aber mit Beständigkeit, Beharrlichkeit und Leidenschaft. Die größte Kraftanstrengung erfordert dabei oft der erste Schritt – und ist er auch noch so klein.* Das reine Aufraffen aus dem Gewohnten, das Aufstehen und Aufbrechen fällt den meisten Menschen am schwersten, denn dazu gehört der Mut,

Bekanntes hinter sich zu lassen, sich selbst neu herauszufordern und zu verändern.

Als er mit seiner Arbeit als Sachbearbeiter unzufrieden war, begann er Abendkurse zu besuchen. Er verzichtete zwei Jahre lang auf eine Menge Freizeit. Nachdem er sein Abitur nachgeholt hatte, kündigte er sogar seine Stelle, zog in eine kleinere Wohnung und begann mit 26 Jahren noch ein Studium. Er ging ein Risiko ein und verzichtete auf eine ganze Menge. Heute arbeitet er als Journalist beim Feuilleton einer großen deutschen Zeitung und hat sich seinen Traum erfüllt, den er schon von Kindesbeinen an hatte. Er hat spät angefangen, aber er hat alle Warnungen von Freunden und Kollegen missachtet, die gesagt haben, viel zu spät etc. etc. Er hat sich gesagt, warum nicht? – und hat einen Schritt nach dem anderen gemacht.

Es gibt eine Menge Menschen, die vergleichbare Fähigkeiten und Voraussetzungen haben wie Sie und die das erreicht haben, was Sie anstreben. Und es gibt genauso viele, die es nicht geschafft haben. Ihre Fähigkeiten sind annähernd die gleichen. *Der Unterschied besteht oft nur darin, dass die Erfolgreichen an einem bestimmten Tag aufgestanden sind und einen kleinen Schritt in Richtung auf ihr Ziel hin getan haben.* Sie sind damit ein Risiko eingegangen, aber sie haben sich von ihren Ängsten vor dem, was alles misslingen könnte, nicht abhalten lassen.

Nachdem Sie sich erst einmal einer solchen Herausforderung gestellt und erfahren haben, dass Sie – unabhängig von Erfolg oder Misserfolg – anstatt zu scheitern, an Ihrer Aufgabe gewachsen sind, wird es Ihnen in der Zukunft immer leichter fallen, Herausforderungen als Chancen statt als Risiken zu betrachten.

Um Ihre Träume und Ziele zu erreichen, müssen Sie wachsen. *Wachstum kann allerdings nur stattfinden, wenn Sie sich ein Herz fassen und sich neuen Herausforderungen stellen.* Wenn Sie immer im gewohnten Trott verharren und sich fragen, was alles schiefgehen könnte, wird Angst und Furcht Ihr Handeln bestimmen und damit Ihr Wachstum blockieren. Lassen Sie das nicht zu.

Wählen Sie aus Ihren richtigen Zielen eines nach dem anderen aus, schreiben Sie es auf und fragen Sie sich, was der nötige erste Schritt wäre, um die Erfüllung anzugehen. Visualisieren Sie diesen ersten Schritt konkret und beschreiben Sie ihn schriftlich. Malen Sie ihn sich vor Ihrem inneren Auge aus und notieren Sie anschließend, welche Ängste und Befürchtungen in Ihnen aufgestiegen sind. Betrachten Sie nun diese Ängste und vergleichen das dahinter verborgene objektive Risiko mit dem Hochgefühl, das Sie erfüllen wird, wenn Sie eines Tages sagen können, ich habe mein Ziel erreicht.

Ziel:
Erster Schritt:
Ängste und Befürchtungen:

Sie haben nun Ziele niedergelegt, die für Sie »richtig« sind, und zwar in dem Sinne, dass sie mit Ihrem innersten Wesen in Einklang sind und Sie glücklich machen werden. Entscheidend ist aber auch, ob es sich um realistische Ziele handelt. Zuvor haben wir festgestellt, dass Ihre Ziele durchaus Anforderungen an Ihre zukünftige Entwicklung stellen dürfen. *Allerdings sollten Sie nichts von sich verlangen, was fast unmöglich scheint.* Mit hoher Wahrscheinlichkeit wird sich unter Ihren Zielen mindestens ein materielles befinden. Vielleicht haben Sie niedergeschrieben, Sie möchten in drei Jahren mindestens 5000 Euro netto pro Monat verdienen. Fragen Sie sich zuerst, besitzen Sie besondere Fähigkeiten, die ein solch hohes Einkommen rechtfertigen? Wenn ja, fragen Sie sich als Nächstes, können Sie diese besonderen Fähigkeiten in Ihrer jetzigen Stellung zum Einsatz bringen? Sie haben beispielsweise schon immer gerne Geschichten geschrieben und in der Schule auch einige Preise dafür erhalten. Gerne würden Sie sich als Autorin selbstständig machen und Bestsellerromane verfassen.

In einem ersten Schritt sollten Sie Ihre Fähigkeiten einem ehrlichen Test unterziehen. Nehmen Sie sich z.B. drei Monate Zeit, in denen Sie abends an einer Kurzgeschichte schreiben, und bemühen Sie sich danach um eine Veröffentlichung. Über das Feedback, das Sie erhalten, wird es Ihnen möglich, Ihre Fähigkeiten objektiv einzuschätzen. Vielleicht brauchen Sie auch nur noch etwas mehr Zeit und Übung. Also besuchen Sie Schreibseminare und verfassen Sie weiterhin nebenbei Kurzgeschichten. Sobald diese erfolgreich sind und veröffentlicht werden, müssen Sie sich fragen, ob Sie als hauptberufliche Bürokauffrau mit zwei Kindern nebenbei Bestsellerromane schreiben können. Höchstwahrscheinlich nicht. Wenn Ihnen das Ziel also wirklich am Herzen liegt, suchen Sie sich z.B. eine Teilzeitstelle, damit Sie mehr Zeit haben, sich auf das Schreiben zu konzentrieren. Bauen Sie auf diese Weise nach und nach Ihre neue Tätigkeit aus. Sie wissen nun, dass Sie es können. *In dieser Reihenfolge sollten Sie bei jedem Ziel vorgehen: Zunächst ehrlich Ihre Fähigkeiten prüfen und diese dann mit Fleiß und Disziplin entwickeln.* Sobald Sie sich den diesbezüglichen Ansprüchen gewachsen fühlen, müssen Sie sich ebenso ehrlich fragen, welche – vielleicht sogar grundlegenden – Dinge Sie in Ihrem Leben verändern müssen, um Raum für Ihre Zielverwirklichung zu schaffen. Eventuell müssen Sie umziehen oder sich einen neuen Job suchen.

Wenn Sie Ihrem Leben etwas Neues hinzufügen wollen, müssen Sie sich oftmals von etwas Altem, Vertrautem trennen. Kein Gewinn ohne Verlust. Als Mensch sind wir in diesem Leben in unseren Möglichkeiten nun einmal limitiert. Das ist eine bittere Wahrheit unserer Existenz. Sie können nicht alle Ihre Träume verwirklichen, Sie können es nicht allen Menschen recht machen und Sie können nicht alles behalten und konservieren, was Sie einmal erreicht haben. Sie müssen sich ständig immer weiter fragen, was es ist, das Sie glücklich machen würde. Sie müssen stets aufs Neue wieder überlegen, ob und wie Sie die dazu notwendigen Fähigkeiten entwickeln können, und was Sie in Ihrem Leben verändern und eventuell aufgeben müssen, um Zeit und Raum dafür zu schaffen. *Nur wenn Sie dazu bereit sind, ist Ihr Ziel auch ein realistisches Ziel.*

Erneut überprüfen Sie bitte Ziel für Ziel, indem Sie aufschreiben, wie Sie beständig Ihre für dieses Ziel erforderlichen Fähigkeiten und Eigenschaften entwickeln werden (z.B. Besuch der Abendschule) und was Sie dafür in Ihrem derzeitigen Leben aufgeben oder zurückstellen werden (z.B. abends häufig auszugehen).

Ziel 1:
So prüfe und entwickle ich beständig meine dazugehörigen Fähigkeiten:

Das muss ich in meinem Leben verändern, um Zeit und Raum für mein Ziel zu schaffen:

Nachdem Sie diese kleine Aufstellung für sich gemacht haben, ist Ihnen mit Sicherheit die Erkenntnis gekommen, dass die Verwirklichung Ihrer Ziele Opfer sowie beständige Anstrengung erfordert. Der Mensch neigt dazu, beides im Leben tunlichst zu vermeiden. Doch genau deshalb waren die vorangegangenen Schritte so wichtig, in denen Sie Schritt für Schritt Ihre »richtigen« und »wahren« Ziele herausgearbeitet haben. Denn auch wenn Ihnen die bevorstehenden Mühen und Umwälzungen sicher noch immer unangenehm erscheinen, so erkennen Sie nun doch die Notwendigkeit dahinter. Um glücklich zu werden, wollen Sie Ihre selbst gesteckten Ziele erreichen – und um diese Ziele zu erreichen, müssen Sie obige Anstrengungen und Opfer auf sich nehmen.

Der Weg zum Ziel: Disziplin und Beständigkeit

Wenn Sie große Ziele haben, müssen Sie auch große Anstrengungen und eventuell Opfer dafür in Kauf nehmen. In einer Stunde Arbeit am Tag lässt sich kein Bestsellerroman schreiben. Bei einer Arbeitszeit von neun bis fünf werden Sie sich nie für den Abteilungsleiterposten qualifizieren. Das Geheimnis, wie Sie große Anstrengungen dennoch mit einer gewissen Leichtigkeit erbringen können, ohne sich auszupowern und an Lebensqualität zu verlieren, besteht in *gut geplanter Beständigkeit*. Eine solche Herangehensweise widerspricht selbstverständlich jeder Bequemlichkeit. Altes hinter sich zu lassen und Anstrengungen auf sich zu nehmen, um Neues zu erreichen, ruft oft unseren inneren »Schweinehund« auf den Plan, der versucht, uns mit den Verlockungen von Gemütlichkeit und Bequemlichkeit zu verführen. Ihr »innerer Schweinehund« suggeriert Ihnen, der Weg zu einem erfüllten Leben bestehe darin, möglichst alles Unangenehme und jede Anstrengung zu vermeiden. Genau das Gegenteil ist aber der Fall! Doch selbst wenn Sie sich durchschaut haben, gibt sich dieses Biest meist nicht geschlagen, sondern ändert seine Taktik und greift auf wirklich unfaire Mittel zurück. Es sagt Ihnen: Ja, all das, was du dir vorgenommen hast, ist toll und auch sinnvoll, aber ist nicht morgen auch noch Zeit dazu? Heute Abend kannst du doch noch, wie sonst auch, ein bisschen lesen, fernsehen oder das angenehme Leben genießen. Ihr innerer Schweinehund versucht um jeden Preis, Anstrengungen und Veränderung zu verhindern, und wenn Ihr Wille stärker wird als er, schaltet er um auf eine Hinhalte- und Verschiebetaktik, für die wir alle leider sehr empfänglich sind.

Daher gilt: *Wenn Sie Ihre Ziele verwirklichen wollen, müssen Sie diesem Teil in Ihnen, der es immer nur sicher und angenehm haben will, den Kampf ansagen.*

Glücklicherweise gibt es ein einfaches und dabei effektives Mittel, mit dessen Hilfe Sie diesen wichtigsten Kampf Ihres Lebens sicher gewinnen werden. Diese ultimative Waffe lautet: *Systematische Planung.* Das Prinzip dahinter ist einfach: Wenn Sie sich vorgenommen haben, irgendwann am heutigen Tag den Artikel über XY zu schreiben, wird Ihr innerer Schweinehund immer wieder Ausreden finden, das zu verschieben. Es muss Essen gekocht werden, dies und das sollte erledigt werden, jetzt läuft gerade Ihre Lieblingssendung, Ihre Mutter würde sich mal wieder über einen Anruf freuen, und so geht es bis in den Abend. Wenn Sie sich allerdings vorgenommen haben, genau von 17 bis 19 Uhr an dem Artikel zu arbeiten, sind all diese Ausreden hinfällig. Der Termin steht und Sie können alle anderen notwendigen Aktivitäten um diesen Termin herum planen. Am besten geben Sie diesen allen ebenfalls ein Zeitfenster. *Durch systematische Zeitplanung bekämpfen Sie Faulheit und Trägheit und können mit der Zeit neuen Gewohnheiten und Abläufen in Ihrem Leben einen festen Platz einräumen.* Wenn Sie Ihrem erstarkenden Willen mit Hilfe einer solchen konsequenten Planung ein stabiles, effizientes Gerüst geben, werden Sie schon bald bemerken, wie Sie plötzlich einen Wunsch nach dem anderen und Ziel für Ziel erreichen. Weiter oben im Text haben Sie bereits schriftlich niedergelegt, was Sie tun müssen, um Ihre Ziele zu erreichen. Im nächsten Schritt schreiben Sie jetzt daneben, WANN Sie es tun. Also beispielsweise wochentags von 6 bis 7 Uhr oder am Samstagvormittag.

Das ist der eine Pfeiler von Disziplin und Beständigkeit: systematische Planung. Es gibt aber noch einen weiteren Pfeiler der Disziplin, ohne den auch die beste Planung irgendwann in sich zusammenfällt. Oft geschieht es, dass wir am Anfang in ein neues Projekt voller Begeisterung Zeit und Energie investieren, mit der Zeit aber den Spaß daran verlieren und nur noch widerwillig und immer missmutiger daran arbeiten. In einem solchen Fall sollten Sie überprüfen, ob es sich tatsächlich und immer noch um einen echten, ehrlichen Wunsch von Ihnen handelt, der als klare Absicht hinter Ihrem Handeln steht. Ist das wirklich der Fall, müssen Sie durchhalten!

Das Erreichen eines angestrebten Ziels erfordert immer eine Reihe von Anstrengungen. Nichts kann in einem einzigen Kraftakt bewältigt werden. *Nur ununterbrochenes Handeln bringt Sie Ihrem Ziel näher.* Der Mensch ist so beschaffen, dass er Zeit braucht, um sich zu entwickeln und um zu lernen. Auch mit dem stärksten Willen können Sie nicht innerhalb einer Woche lernen, virtuos Geige zu spielen. *Sie müssen über eine längere Zeit konstant an Ihren Fähigkeiten arbeiten.* Versuchen Sie, dies nicht als Crux, sondern als Geschenk und als Bereicherung zu sehen. Als Menschen sind wir alle in der Lage, die schwierigsten Dinge wie das Spielen eines Instrumentes, das Schachspiel etc. zu lernen, indem wir viele kleine Schritte machen, die einzeln genommen überhaupt nicht schwer sind. *Genau wie scheinbar niedrige Zinsen über eine lange Zeit hinweg ein Vermögen vervielfachen, so führt Sie eine Kette von kleinen Anstrengungen zu scheinbar unerreichbaren Zielen.* Wenn Sie das nächste Mal ein klassisches Konzert besuchen und zusehen, wie die Finger des Klavierspielers scheinbar mühelos in unglaublichem

Tempo über die Tasten hüpfen, machen Sie sich bewusst, dass vielleicht auch Sie da oben sitzen könnten, wenn Sie wie dieser Musiker 20 Jahre lang 6 bis 8 Stunden am Tag ein Instrument geübt hätten. Als Mensch können wir *mit Disziplin und Beständigkeit* Dinge meistern, die uns auf den ersten Blick unmöglich und unvorstellbar erscheinen.

Das Problem ist nur, dass wir oftmals mit der Zeit die Geduld verlieren und missmutig werden. Alle, die als Kind Klavierstunden hatten, wissen, wovon ich spreche. Und wenn es Ihnen damals so ging wie mir, so werden Sie heute dankbar dafür sein, dass Ihre Eltern Sie damals zum Durchhalten ermuntert oder vielleicht sogar manchmal gezwungen haben. Wir können uns selbst aber nur schwerlich zwingen, und falls doch, so werden wir dadurch auch nicht gerade weniger widerwillig. Durch die negativen Gefühle belasten Sie ständig Ihre Stimmung und Lebensfreude und vermindern selbst Ihre Energie und Kreativität. Visualisieren Sie deshalb bei jedem kleinen Schritt, bei jeder Tagesaufgabe und bei jedem kleinen Projekt, warum Sie es tun und worauf Sie hinarbeiten. *Stellen Sie sich bildhaft und in allen Einzelheiten vor, wie Sie eines zukünftigen Tages Ihr Ziel erreicht haben und dann stolz und zufrieden zurückblicken können. Mit diesem Trick ermuntern Sie sich zwischendurch immer wieder selbst.* Sie erklimmen einen hohen Berg. Jeder einzelne Schritt scheint klein und dennoch mühselig. Warum ihn also machen? *Richten Sie Ihren Blick auf den Gipfel, und die Schritte werden Ihnen leichter fallen. Und irgendwann werden Sie scheinbar wie durch Zauberkräfte oben angekommen sein.*

Als nächsten Schritt formulieren Sie jetzt zu jedem Ihrer Ziele einen konkreten Zeit- und Arbeitsplan. Sie haben bereits festgelegt, was Sie ändern, wo und wie Sie sich entwickeln und was Sie verbessern müssen. Nun ordnen Sie jedem dieser Punkte konkrete Maßnahmen zu – z.B. Überstunden, Abendschule, Klavierstunden – sowie ein konkretes Zeitfenster. Ihr restliches Tagewerk planen Sie ab jetzt um diese Schritte herum.

1. Rahmen setzen
Zuerst schreiben Sie in Ihren Wochenplan diejenigen Aktivitäten, die nicht unmittelbar veränderbar sind. Dazu gehört z.B. Ihre Arbeit und Engagements und Verpflichtungen, die Sie für eine bestimmte Zeit unwiderruflich eingegangen sind.

2. Maßnahmen definieren
Schreiben Sie jetzt für jedes Ihrer definierten Ziele auf, welche regelmäßigen Maßnahmen Sie in Ihren Zeitplan integrieren müssen, um ihr Ziel realistisch und in absehbarer Zeit zu erreichen.

3. Wochenplan erstellen
Jetzt tragen Sie die Maßnahmen in Ihren Wochenplan ein.

Mo	Di	Mi	Do	Fr	Sa	So

Um die Maßnahmen der festgelegten Kernaktivitäten herum platzieren Sie jetzt alle restlichen Aktivitäten. Dazu gehören auch Fernsehen, Rasenmähen und Zeit mit der Familie.

Resultat ist ein vollständiges, ehrliches Bild der Aufteilung Ihrer Zeit und Ressourcen, mit dem Sie arbeiten können. Fragen Sie sich, ob die Verteilung tatsächlich Ihre Prioritäten widerspiegelt und planen Sie bei Bedarf anders.

Dieses systematische Vorgehen hilft Ihnen, Ressourcenkonflikte offenzulegen. Oftmals verfolgen wir so viele Dinge gleichzeitig, dass es uns nicht gelingt, unsere Energie auf ein Ziel mit Beständigkeit zu konzentrieren. Wenn sich unsere Energie, Aufmerksamkeit und Tatkraft aber unbeständig auf zu viele Dinge aufteilt, haben wir am Ende trotz vieler Arbeit, großem Einsatz und Aufwand nichts oder fast nichts erreicht. In diesem Fall ist weniger tatsächlich mehr und Konzentration das Wesentliche. Wenn Sie also dementsprechend bei der Erstellung Ihres Wochenplanes feststellen, dass sie nicht alle gesetzten Ziele und täglichen Aufgaben erledigen können, müssen Sie eine bewusste Entscheidung treffen und sich von ausgewählten Zielen oder Aufgaben trennen.

Zusammenfassend gesagt, am Anfang steht also die Ermittlung »richtiger« Ziele und Wünsche. Daraus erwächst Ihr Wille, diese wirklich zu erreichen. In einem zweiten Schritt zerlegen Sie die Ziele in Unterziele und Zwischenschritte und überlegen, *wie* Sie sich selbst entwickeln und *was* Sie in Ihrem Leben ändern und eventuell aufgeben müssen, um diese Ziele umzusetzen. Im dritten Schritt planen Sie dann systematisch, wann Sie was erledigen. Während der Ausführung und Umsetzung Ihrer Schritte achten Sie dann immer wieder darauf, den Blick stets auf das Endziel gerichtet zu halten und sich so ständig selbst zu ermuntern und zu motivieren. Mit dieser einfachen Kombination von Wille, Disziplin und Visualisierung können Sie alles erreichen, was Sie sich vornehmen.

Ihre neuen Freunde: Fehler und Misserfolge

Jedes Risiko beinhaltet die reale Gefahr eines Misserfolges. Die Angst davor sollte Sie allerdings nicht davon abhalten, das Risiko einzugehen. Auch in einem misslungenen Versuch liegt die Chance, zu wachsen und sich zu verbessern. *Misserfolge geben uns die Kraft und das Know-how, künftige Schwierigkeiten zu überwinden.* Verdeutlichen Sie sich, dass beinahe jede große Erfolgsstory gespickt war mit Rückschlägen und Problemen. Nahezu jeder »große« Mann oder auch jede »große« Frau musste in Ihrem Leben eine Menge Rückschläge verkraften. Gerade aus diesen Erfahrungen zogen diese Menschen allerdings die Energie, die Kraft und die Erfahrung, um im nächsten oder im übernächsten Anlauf ihr Ziel zu erreichen. Haben Sie deshalb keine Furcht vor Misserfolg!

Das alles ist jedoch leichter gesagt als getan, denn die Angst vor Versagen scheint uns wie angeboren zu sein. Aber ist sie das wirklich? Denken Sie nur einmal daran zurück, wie Sie als kleines Kind die Welt um sich herum kennengelernt haben, oder falls Ihnen die Erinnerung an Ihre Kindheit fehlt, beobachten Sie einfach einmal ein kleines Kind in Ihrem Umfeld. Wenn sich ein Kind bei allem, was es lernt – sei es Laufen, Fahrradfahren oder Schuhebinden – Gedanken über ein mögliches Versagen machen würde, könnte es all diese abertausend, für Erwachsene ganz selbstverständlichen Dinge nie erlernen. Ein Kind probiert, probiert und probiert einfach so lange, bis es ihm gelingt, und es schämt sich nicht dafür, lange Zeit versagt zu haben. Ein Kind, das Fahrradfahren lernt, grämt sich nicht darüber, weil es ihm zwei Wochen lang nicht gelingt, sondern es ist umso stolzer und voller Begeisterung, wenn es letztendlich eine kleine Strecke sicher und ohne absetzen zu müssen auf zwei Rädern fahren kann. *Das Kind begreift das Scheitern intuitiv nicht als etwas, für das es sich zu schämen gilt oder vor dem man Angst haben müsste, sondern als notwendiges Übel auf dem Weg zum Erfolg.* Dieser *Mut zum Scheitern* geht uns im Zuge unserer Sozialisierung in Schule, Kindergarten und durch die elterliche Erziehung meist irgendwann verloren. Aber weshalb? Was ist dadurch gewonnen? Hat sich denn wirklich etwas an der Art geändert, wie wir als Erwachsene lernen und uns weiterentwickeln? Der Misserfolg, das Scheitern und der Fehler sollten auch noch im reiferen Alter unsere Freunde sein.

Machen Sie sich bewusst, dass Ihre Angst vor dem Versagen nicht aus Ihnen selbst kommt, sondern Ihnen von außen aufgezwungen wurde und Sie jeden Tag davon abhält, sich zu verbessern und Ihre Visionen Schritt für Schritt Wirklichkeit werden zu lassen. So wird diese Angst mit der Zeit verschwinden, und *Sie werden Fehler, Misserfolg und Scheitern als eine Notwendigkeit auf dem Weg zum Erfolg begrei-*

fen. Wenn Sie Ihre Ziele erreichen wollen, lassen sich diese Dinge nicht vermeiden oder verhindern. Vermeiden und verhindern können Sie nur, über solche Rückschläge Ihren Mut und Ihre Tatkraft einzubüßen. Seien Sie ein Stehaufmännchen. Stehen Sie immer wieder auf, klopfen Sie sich den Dreck von der Kleidung und gehen Sie weiter. Das ist das wahre Geheimnis des Erfolges.

Um dies zu verifizieren, werfen Sie nur einmal einen Blick auf die großen Errungenschaften der Menschheit, wie zum Beispiel die Erfindung der Glühbirne, die Entschlüsselung des menschlichen Genoms oder die Entdeckung Amerikas. Überall waren Irrtümer und Rückschläge mit von der Partie. Der entscheidende Unterschied bestand jedoch darin, dass die beteiligten Personen diese Irrtümer als Chance bewerteten. Ein Blick in die Biografie von Konrad Adenauer offenbart beispielsweise, dass er jede Menge Niederlagen und Rückschläge erlitt, bevor er eines Tages Regierungschef wurde. Nie hat er sich allerdings als Opfer gefühlt, nie hat er Schicksalskräfte verantwortlich gemacht oder gar an seinen Fähigkeiten gezweifelt. Sein Erfolg ist ein direktes Resultat seines Umgangs mit Misserfolgen. Er nutzte sie, um aus ihnen zu lernen, um seinen Weg um einige Grad zu korrigieren, und ging weiter. Danach verschwendete er keinen grämenden Gedanken mehr an die Vergangenheit, sondern blickte in die Zukunft, denn was gewesen war, konnte er nicht mehr ändern. Ein solcher Umgang mit Misserfolg ist absolut energiemaximierend. Zum einen gewinnen Sie Erfahrung und Wissen, um mit künftigen Schwierigkeiten souveräner umgehen zu können, und zum anderen belasten Sie sich nicht mit den Niederlagen der Vergangenheit.

Abschließend lässt sich sagen, dass Fehler und Misserfolg entweder Energieräuber oder aber eine mächtige Energiequelle sein können:

Fehler und Misserfolg als Energieräuber
Jede Niederlage grämt mich lange Zeit und sät in mir Selbstzweifel und weitere Versagensängste. Schwierigkeiten und Problemen gehe ich immer mehr aus dem Weg. Ich stelle mich keinen Herausforderungen mehr und höre auf, mich zu entwickeln. Ich bin statisch.

Fehler und Misserfolg als Energiequelle
Jede Niederlage bietet mir die Chance, zu lernen und mich zu verbessern. Auch nach einem Misserfolg bin ich stolz, es versucht zu haben, denn letztendlich bin ich um eine Erfahrung reicher. Mit der Vergangenheit belaste ich mich nicht, sondern behalte stets mein Ziel vor Augen. Jeder Rückschlag hilft mir, meinen Kurs noch etwas genauer darauf auszurichten, so dass ich es zu guter Letzt auch erreiche. Ich bin dynamisch.

Wenn Ihnen gerade ein Licht aufgegangen ist, bemühen Sie sich in Zukunft auch darum, niemandem gegenüber als übertriebener Kritiker aufzutreten. Weiter oben haben wir festgestellt, dass die Versagensängste dem Menschen nicht angeboren sind, sondern ihm meist von seiner Umwelt aufgeladen werden. Oft sind es sogar die vermeintlich besten Freunde, die sich in der stolzen Rolle als Warner und Kritiker gefallen. *Achten Sie in Zukunft darauf, keinem Bekannten – oder, falls Sie Mutter oder Vater sind, gar Ihren eigenen Kindern – den Mut zu Fehlern und Niederlagen auszutreiben.*

Gerade Eltern handeln dabei meist mit bestem Wissen und Gewissen und wollen ihre »Kleinen« nur beschützen. *Meist sind es nämlich die Eltern, die bei Misserfolgen und Niederlagen ihrer Kinder am meisten leiden. Erst durch dieses Leid, das ein Kind selbstverständlich wahrnimmt, beginnt es Fehler als etwas »Negatives« zu begreifen, das es besser vermeiden sollte. So wird allerdings ein Teufelskreis in Gang gesetzt, der uns langfristig daran hindert, uns zu dem zu entwickeln, was wir anstreben.* Deshalb, beschützen Sie Ihre Kinder, wo sie geschützt werden müssen, und ermutigen Sie sie, zu lernen und Fehler zu machen, wo ihnen die Chance gegeben wird, sich zu verbessern. Denn letztendlich zeichnet es uns als Eltern aus, wenn wir unseren Kindern die Möglichkeit geben, sich zu entwickeln und ihre Möglichkeiten und Potenziale voll zu entfalten.

Wenn Sie berühmte Schauspieler, Sportler, Literaten oder Unternehmensgründer im persönlichen Gespräch fragen, ob sie in ihren jungen Jahren besonders talentiert waren, lautet die Antwort meist Nein. Warum haben sie sich dann zwischen all den anderen hervorgetan, die vielleicht ebenso begabt waren? Vielfach, weil sie bei Misserfolgen nicht auf ihren Verstand gehört haben. Wenn man etwas versucht und dabei scheitert, ganz gleich, ob es eine Aufnahmeprüfung in einer Schauspielschule, ein Leichtathletikturnier, ein Drehbuchskript oder eine Geschäftsidee war, suggeriert uns der Verstand meist, es zu lassen und sein Glück woanders zu probieren. So wie unser Gehirn funktioniert, glaubt der Verstand nicht an die Möglichkeit einer Veränderung und Entwicklung. Dennoch ist sie sehr wohl möglich. Diejenigen, die durchgehalten und es immer wieder probiert haben, weil sie mit Leidenschaft und Willen ihren Traum verfolgten, sind der lebendige Beweis dafür.

Kompromisse und Regeln

Niemand von uns lebt in absoluter Freiheit. In allen Bereichen, in denen wir mit anderen Menschen verkehren, also in Beruf, Freizeit, Partnerschaft usw., müssen wir auf andere Rücksicht nehmen und, um ein Funktionieren der Beziehungen zu gewährleisten, Kompromisse eingehen und bestimmte implizit oder explizit festgelegte Regeln beachten.

Möglicherweise gilt in Ihrem Büro zum Beispiel ein Prinzip der offenen Türen. Als Sie eine Arbeitsstelle in dieser Firma annahmen, haben Sie sich implizit dazu verpflichtet, Ihre Ideen und Erfindungen bereits in einem frühen Stadium mit Ihren Kolleginnen und Kollegen zu teilen. Oder Sie haben mit Ihrer Partnerin Jahre zuvor eine Abmachung getroffen, gemeinsam die Zeit und die Verantwortung für die Kinderversorgung zu tragen. ›

Wenn wir in einem unserer Lebensbereiche unglücklich sind, liegt die Ursache oft darin, dass uns die geltenden Regeln und Kompromisse, denen wir meist zu einem früheren Zeitpunkt zugestimmt haben, inzwischen unangenehm geworden sind. In Ihrem Büro haben Sie nun entsprechend dem ersten Beispiel das Gefühl, ausgenutzt zu werden und nicht genügend glänzen zu können. Und im zweiten Fall: Nun, da Ihre Partnerin schwanger ist, haben Sie eigentlich wenig Lust beruflich kürzer zu treten und und und …

Oftmals reagieren wir auf solche Entwicklungen, indem wir bestehende Regeln und frühere Vereinbarungen missachten. Dies führt nicht selten zu einem Vertrauensverlust und einer Verschlechterung unserer zwischenmenschlichen Beziehungen. *Besser ist es, zuerst einmal sorgfältig und möglichst objektiv abzuwägen, ob ein bestehender Kompromiss Ihnen tatsächlich mehr Nach- als Vorteile bringt.* Oftmals bilden wir uns dies nämlich nur ein. Haben Sie in Ihrer Firma nicht selbst oft genug von den Ansätzen anderer profitiert und diese lediglich vollendet? Wie viele Projekte hätten Sie ohne die Grundlagenarbeit anderer anstoßen können? Und freuen Sie sich nicht auch darauf, eine aktive Rolle bei der Erziehung Ihres Kindes spielen zu können?

Jeder Kompromiss bringt Vor- und Nachteile. Sie müssen ehrlich mit sich selbst sein und erkennen, was von beidem überwiegt. Manchmal fällt es schwer, sich einzugestehen, dass das Gute in unserem Leben untrennbar mit dem Unangenehmen verbunden ist. Das eine existiert meist nicht ohne das andere. Wenn Sie dies für sich erkennen, ist das oftmals der Schlüssel dazu, mit dem Negativen in Ihrem Leben leichter umgehen zu können. Darüber hinaus hängt es aber auch immer von Ihrer inneren Einstellung ab, ob Sie etwas als angenehm oder unangenehm empfinden.

Identifizieren Sie als Erstes die störenden Regeln und Kompromisse in Ihrem Leben. Notieren Sie in der nachfolgenden Tabelle zuerst in Spalte 1 all die Kompromisse und Regeln, von denen Sie sich in irgendeiner Hinsicht eingeengt fühlen. In Spalte 2 benennen Sie genau die für Sie entstehenden Nachteile. Danach überdenken Sie jeden einzelnen Punkt und schreiben in Spalte 3 die Vorteile, die Ihnen aus diesem

Kompromiss erwachsen. In Spalte 4 wiegen Sie die Nachteile gegen die Vorteile auf und bringen die beiden in ein Verhältnis von 10, also 1:9, 9:1, 6:4, 3:7 usw.

Kompromisse und Regeln	Nachteile	Vorteile	Verhältnis

Wenn Sie wirklich ehrlich mit sich selbst waren, wird das Ergebnis in erstaunlicher Weise Ihrer bisherigen subjektiven Wahrnehmung widersprechen. Wir alle neigen nämlich dazu, eher das Negative – also das Belastende, Einschränkende und Unangenehme – wahrzunehmen, und erkennen nicht, welche Freiheiten und Vorteile uns für die Zukunft daraus erwachsen.

Jeden Kompromiss mit einem Verhältnis von besser als 4:6 sollten Sie ab jetzt positiv betrachten, denn objektiv bringt er Glück in Ihr Leben. Dies ist zwar leichter gesagt als getan, ist aber von äußerster Wichtigkeit und erfordert besondere Aufmerksamkeit. Hierzu sollten Sie die bereits erwähnten Techniken zur emotionalen und mentalen Kontrolle anwenden. Seien Sie ehrlich mit sich selbst! Fragen Sie sich auch, warum Ihnen immer nur das Unangenehme und Negative auffällt. Wie bereits zuvor erläutert, hängt es auch immer von Ihrer inneren Einstellung ab, ob für Sie »das Glas halb leer oder halb voll« ist.
Schreiben Sie hinter alle Ihre Kompromisse mit positivem

Verhältnis »Glück«, denn um genau das handelt es sich, und in Zukunft werden Sie die daraus resultierenden Verpflichtungen als Beitrag zum Glück in Ihrem Leben betrachten.

Für die Regeln und Vereinbarungen, bei denen das Negative überwiegt, sollten Sie sich Gedanken machen, was sich daran verändern lässt. Vielleicht können Sie sie mit den Betroffenen neu verhandeln oder, falls das nicht möglich ist, den Bereich wechseln. An Ihrem Arbeitsplatz wird es zum Beispiel kaum möglich sein, ein eingespieltes Prinzip, wie das der offenen Türen, einfach zu ändern oder extra für Sie eine Ausnahme zu vereinbaren. Bemühen Sie sich darum, erklären Sie den Entscheidungsträgern Ihre Sicht der Dinge, aber wenn das zu nichts führt, haben Sie den Mut, sich gänzlich neu zu orientieren und sich nach einem neuen Arbeitsplatz umzusehen. Hinter alle ausgeglichenen oder negativen Kompromisse auf Ihrer Liste schreiben Sie, wie Sie versuchen werden die Situation zu ändern, und was Sie tun werden, falls Ihnen das nicht gelingt. Es kann auch hilfreich sein, ein Zeitlimit zu setzen. Machen Sie zum Beispiel mit sich selbst ab, ein Jahr lang intensiv zu versuchen, sich in Ihrer Abteilung zu qualifizieren, so hart wie möglich zu arbeiten und eine Beförderung anzustreben. Wenn Sie 12 Monate später alles Ihnen Mögliche getan haben sollten, ohne Erfolg gehabt zu haben, werden Sie versuchen, die Abteilung zu wechseln.

Eine Situation, in der uns die Kompromisse und Regeln in unserem Leben zu eng geworden sind, ist meist unangenehm, und oftmals sind wir auf der Suche nach irgendeiner Wunderlösung, die uns mehr Freiheit zur Entfaltung gibt und trotzdem alles beim Alten lässt. So ein Wunder existiert leider nicht. Bei allen Kompromissen mit einem Verhältnis von schlechter als 5:5 können Sie sich nur entscheiden, entweder die Situation durch aktives Handeln und offene Gespräche zu ändern, oder aber Sie müssen sich, wenn das möglich ist, zurückziehen.

Die Sache hat aber einen Haken. Wenn Sie zum Beispiel aus der obigen Bearbeitung Ihrer Kompromisse und Regeln zu dem Schluss kommen, aus der Beziehung zu Ihrer derzeitigen Partnerin, mit der Sie auch ein Kind haben, erwachsen Ihnen mehr Nachteile als Vorteile und daher könnten Sie diese einfach so beenden, so müssen wir hier **ganz** deutlich sagen: »Vorsicht!« *Falls die Kompromisse und Regeln auch andere Menschen betreffen, denen gegenüber Sie emotionale und andere Verpflichtungen haben, beispielsweise Ihren Partner oder Ihre Kinder, so ist die Lage nicht ganz so einfach.* Sie sollten sich ernsthaft fragen, welche Vor- und Nachteile sich aus diesem Kompromiss auch *für die anderen* ergeben, und welche Folgen es *für die anderen* hätte, einen bestehenden Kompromiss abzuändern oder Regeln aufzugeben. *Wenn andere Menschen betroffen sind, müssen Sie immer die »Goldene Regel« (siehe Kapitel 2) mit in Betracht ziehen.* Rücksichtslose und egoistische Entscheidungen, die andere verletzen oder in Mitleidenschaft ziehen, verstoßen erheblich gegen die Goldene Regel und werden früher oder später irgendwann auf Sie zurückfallen. Daher sollten Sie, was diese zwischenmenschlichen, nicht rein beruflichen Kompromisse und Regeln betrifft, nur nach sorgfältiger Abwägung der Konsequenzen für alle Beteiligten Schluss machen und Ihre Kraft auf etwas anderes konzentrieren. Dann sollten Sie Ihre vermeintlichen »Vorteile« nur unter solchen Umständen in Anspruch nehmen, wenn andere nicht verletzt werden oder zu Schaden kommen.

Auch im Punkt Kompromisse in Ihrem Leben gilt: Sie haben die Verantwortung. *Lamentieren Sie daher nicht lange über Situationen, die Ihnen unangenehm sind, sondern akzeptieren Sie sie entweder als notwendig zum Glück oder krempeln Sie Ihre Ärmel hoch und versuchen Sie etwas zu ändern. Manchmal ist auch dabei das eigentlich Wichtige, sich selbst zu ändern.* Indem Sie lernen, Ihr Augenmerk auf das Positive zu richten (siehe »Meine Insel, deine Insel« – Kapitel 4!) und Ihre eigenen erstarrten Erwartungen, Vorstellungen, Gefühls- und Denkmuster loszulassen, werden Sie auf einmal feststellen, dass ein vermeintlich unangenehmer oder einengender Kompromiss sich auch ganz anders betrachten lässt, und dass eigentlich Sie selber es sind, die Ihrem Glück im Wege stehen.
Sich dieser Freiheit und Verantwortung bewusst zu sein, bedeutet, selbstbestimmt zu leben.

Auf Kurs bleiben

Doch letztendlich sind Gesundheit, körperliche Kraft, inneres Gleichgewicht, Herzenskraft und Zähmung des Geistes nur notwendige, aber nicht hinreichende Voraussetzungen für Glück und Zufriedenheit. Der wahre Schlüssel liegt darin, all die Energie richtig einzusetzen, die wir aus unserem Leben schöpfen können.
Doch wie schaffen wir es, auch in der bisweilen rauen See des Lebens stets auf unserem Kurs zu bleiben und unseren

Blick auf den Horizont gerichtet zu halten? Alles hängt davon ab, ob wir uns auch im oftmals lauten und stressigen Alltag regelmäßig Zeit für Ruhe und Besinnung reservieren, Phasen, in denen wir unsere Mitte wiederfinden und uns neu positionieren können.

Jeder erfahrene Segler wird zustimmen, dass es weitaus einfacher, kraftschonender und zielführender ist, immer wieder kleine Kurskorrekturen anstelle von wenigen gewagten Großmanövern durchzuführen, bei denen die ganze Ladung durcheinander geworfen wird. *Sie werden zwar sicherlich nicht vermeiden können, in Ihrem Leben an Wendepunkte zu stoßen, die es nötig machen, dass Sie einschneidende, eventuell sogar radikale Entscheidungen treffen.* Denn oftmals sehen wir das Riff erst, wenn wir schon direkt darauf zusteuern, und müssen dann das Boot mit aller Kraft herumreißen. Bemühen sollten Sie sich allerdings (zum Beispiel mit Hilfe der Tipps & Tools in diesem Buch), *immer wieder zu hinterfragen und zu prüfen, ob Sie noch in die gewünschte Richtung steuern, und auf kritische Distanz zu sich selbst gehen, um rechtzeitig zu bemerken, wenn der Kurs nicht mehr stimmt oder Ihnen das Ruder entgleitet.*

Und als Fazit und abschließendes Motto sei Ihnen nochmals ans Herz gelegt: *Zielgerichtetheit, Beständigkeit, Disziplin und Systematik sind der Schlüssel, um diese Überfahrt möglichst sanft und ohne Kentern zu gestalten.* Also: Nehmen Sie sich regelmäßig Zeit, heben Sie Ihren Sextanten gen Himmel und bleiben Sie auf Kurs.

7. Höheres Bewusstsein

Die Frage nach dem Sinn des Lebens, Gott, dem Universum und dem ganzen Rest

Dieses letzte, kurze Kapitel lässt sich nicht klar ins thematische Gefüge der sieben Kraftkreisläufe eingliedern. Es durchdringt sie alle und geht doch weit darüber hinaus. In diesem Buch bildet es den Abschluss, auch wenn es ebenso gut am Anfang oder in der Mitte hätte stehen können. Der Grund dafür ist, dass einige vielleicht zufrieden mit der Bereitstellung der Tipps und Tools dieser Seiten sind, während andere weitergehende Fragen bewegen. Für diese folgt hier ein Ausblick auf weitere Ebenen der Wahrheit.

Energiemanagement ist ein Megatrend, der sich noch im Anfangsstadium befindet, aber es wird nicht mehr lange dauern, bis sich immer mehr Menschen privat und beruflich den führenden Methoden zuwenden. Das Wissen, das den jahrhundert- oder gar jahrtausendealten Heilweisen des asiatischen Kontinents zugrunde liegt, wird immer wirkungsvoller und in einfacher, pragmatischer Form für den allgemeinen Alltag nutzbar gemacht. Dieses Buch vermittelt einen ersten Eindruck, in welcher Form dies geschehen kann.

Darüber hinaus eröffnet uns das Wissen des antiken Ostens aber auch neuen Zugang zu Fragen einer höheren Ebene.

Es geht um die stets vorhandene Frage nach dem Sinn des Lebens, nach Gott, dem Universum und dem ganzen Rest. Es geht um die Auseinandersetzung mit der eigenen Existenz und dem eigenen Selbst. Wenn wir uns mit diesen Fragen beschäftigen, können wir viele Ansätze wählen, um für uns persönlich zu Ergebnissen und Antworten zu kommen. Die Hinwendung zu Gott im Gebet, zur eigenen Seele in der Meditation oder auch das Studium der Philosophie sind nur drei Beispiele, wie Menschen versuchen, die Geheimnisse des Lebens zu ergründen.

Unabhängig davon, welchen Weg Sie wählen, bringt uns die aktive Beschäftigung mit den Fragen nach der tieferen Wahrheit unserer Existenz einen großen Gewinn. Nehmen Sie das Beispiel eines Menschen, der in einer klaren Sommernacht zu den Sternen aufschaut. Vor ihm öffnet sich die unendliche Weite des Himmels und plötzlich empfindet er all seine irdischen Probleme als klein und beinah unbedeutend. Er besinnt sich von einem Moment auf den anderen auf das, was ihm im Leben wirklich wichtig ist: die Liebe seiner Frau und das Wohlergehen seiner Familie. Vielleicht ist er nach einem Streit während des gemeinsamen Essens wütend und verärgert in den Garten hinausgetreten. Als er durch die Terrassentür zurück ins Wohnzimmer tritt, ist der Ärger verflogen, und er nimmt Frau und Kinder in seine Arme, woraufhin auch deren Verärgerung dahinschmilzt. Uns mit dem zu beschäftigen, was unendlich viel größer ist als wir selbst, kann uns den Blick freimachen für das wirklich Wichtige im Leben und uns so helfen, wieder auf Kurs zu kommen. Nun gibt es Wege und Methoden, die weitaus effektiver sein können, als ein nächtlicher Blick zu den Sternen; aber auch wenn wir Ihnen im Anhang zwei ausgewählte Methoden vorstellen, ist es allein ausschlaggebend, dass Sie selbst den für Sie geeigneten Weg finden, bei dem Sie sich wohl und zuhause fühlen.

Alles ist ein Kreislauf – oder: Und wieder von vorn!

Wie Ihnen jedes Kapitel einen Kraftkreislauf an die Hand gab, stellt auch das gesamte Buch einen Kreislauf dar, den Sie nun ein erstes Mal erfolgreich durchlaufen haben. Sie haben den in der Einleitung erwähnten Weg aus Ihrer Höhle gefunden und können nun die weitere Umgebung entdecken. Wenn Sie dabei auf schwierig zu meisternde Hindernisse stoßen sollten, nehmen Sie ruhig nach einer gewissen Zeit noch einmal dieses Buch zur Hand und durchlaufen den großen Kreislauf erneut. Vieles werden Sie mit einigem Abstand und einiger Erfahrung von einer anderen Warte aus lesen und auf einer anderen Ebene verstehen, denn manches ist mit der Zeit vielleicht einfach in Vergessenheit geraten oder langsam eingeschlafen.

Im Übrigen behalten Sie im Gedächtnis, dass sich alles verändern lässt, aber fast nichts über Nacht. Beständigkeit, Disziplin und Zielstrebigkeit sind die drei für den langfristigen Erfolg essenziellen Attribute. Jede Minute, in der Sie über Ihr Verhalten, Ihre festgefahrenen Muster nachdenken, und sich um inneres Gleichgewicht bemühen, in der Sie versuchen, bei einer Entscheidung oder der Lösung eines Problems Ihre innere Stimme zu hören, oder sich Zeit- und Ablaufpläne für einen strukturierten Alltag oder zum

Erreichen eines angestrebten Zieles erstellen, ist wertvoll und nützlich angewendet.

Vielleicht haben Sie auch Lust, mehr über fortgeschrittene Methoden des Energiemanagements zu erfahren. Im Anhang finden Sie Informationen über die entsprechenden Möglichkeiten.

Von Seiten der Autoren bleibt nur noch, Ihnen ein mit Glück, Erfolg und Gesundheit gesegnetes Leben zu wünschen.

Dank

Aus tiefstem Herzen danke ich meinem Heiligen Lehrer S.S.B. und meinem persönlichen Lehrer und Meister GMCKS, ohne deren kostbare Lehren und Inspirationen, liebevolle Anleitung und reiche Segnungen dieses Buch niemals möglich gewesen wäre, und ich nicht im Entferntesten der Mensch wäre, der ich heute bin.

Voller Anerkennung und Bewunderung danke ich Alexander Thiel, der als Student im zarten Alter von 22 Jahren die genialen Ideen als Grundlage für dieses Buch hatte und sie darüber hinaus auch noch überzeugend ausgearbeitet hat. Ohne ihn wäre dieses Buch nie zustandegekommen.

Meiner Frau danke ich für ihr kritisches, einsichtsvolles und einfühlsames Lektorat und das In-Worte-Fassen und Zu-Papier-Bringen meiner Gedanken, und für die bedingungslose Liebe und Unterstützung.

Ich danke auch Konrad Halbig und Jürgen Lipp, die mich so viele Jahre lang dazu motiviert haben, dieses Buch zu schreiben.

Allen hier ungenannten Freunden und freiwilligen Helfern danke ich für ihre liebevolle Unterstützung und guten Gedanken, die ebenfalls zum Gelingen dieses Buches beigetragen haben.

Sai Cholleti

Anhang

Zu Kapitel 1: Physische Basis
Suchtverhalten
Zu Fußnote Seite 21:

Abhängigkeiten und gewohnheitsmäßiger Gebrauch bestimmter Stoffe wie Nikotin, Alkohol und auch Drogen basieren auf der Speicherung bestimmter Gedankenmuster, die im Denken Suchtstrukturen entstehen lassen und erhalten und Gewohnheiten hervorbringen, die sich trotz Einsicht in die Notwendigkeit, Erkennen aller Vorzüge und trotz festem Entschluss oft nur schwer und nicht anhaltend auflösen lassen.

Selbst wenn Sie sich voller Überzeugung entschlossen haben, nicht mehr zu rauchen, und dies auch für einige Zeit durchhalten, lassen bestimmte Situationen Sie wieder rückfällig werden und in die alten Muster verfallen.

Diese Suchtmuster sind sowohl in Ihren neurologischen Strukturen als auch in Ihrem Energiesystem gespeichert. Solange die für die Sucht verantwortlichen Informationen in Ihnen verankert sind, ist das Verlangen nach Nikotin, Alkohol oder was auch immer Sie im Gebrauch nicht ausreichend kontrollieren können, durch bestimmte Auslöser wieder zu aktivieren. Bei einem ehemals Drogensüchtigen kann durch die Verwendung bestimmter Medikamente in einer Narkose, selbst wenn er über Jahrzehnte durchgehend drogenabstinent gelebt hat, die alte Sucht wieder aktiviert werden.

In allen Programmen der Suchtbehandlung versucht man, entweder in aufdeckender Weise die Ursache für den Beginn des Suchtverhaltens und den Fortbestand der Sucht zu erforschen und durch therapeutische Übungen das Verhalten zu ändern oder mit modernen Medikamenten direkt im Gehirn in das Suchtzentrum einzugreifen und so das Verhalten zu modifizieren. Zu all diesen Methoden liegen umfangreiche Forschungen vor, sie werden ständig weiterentwickelt und zeigen mehr oder weniger gute Erfolge.

Es erscheint logisch, dass jede Behandlung unterstützt wird und erst dann anhaltend erfolgreich sein kann, wenn die für das Suchtverhalten verantwortlichen gespeicherten Gedankenmuster vollständig eliminiert wurden. Dies gelingt offensichtlich nicht allein mit eigener mentaler Stärke. Je disziplinierter Sie in der Durchsetzung Ihrer Vorhaben sind, umso besser wird es Ihnen gelingen; die Sucht selbst ist damit aber nicht verschwunden, sondern zunächst nur unter Kontrolle.

Durch die energetischen Behandlungsmethoden des Prana-Heilens und der Prana-Psychotherapie nach Master Choa Kok Sui gelingt es, energetische Speicherungen, in diesem Fall die für die Sucht verantwortlichen Gedankenmuster, gezielt aus dem gesamten System des Menschen, aus seiner energetischen Anatomie, dem feinstofflichen mentalen und emotionalen Körper, zu entfernen. Es liegen weltweit vielfache und durchgehend positive Erfahrungen in der Behandlung von Süchten durch Prana-Heilung vor. Die notwendige Anzahl der Anwendungen variiert, in der Regel muss die Anwendung über einen gewissen Zeitraum regelmäßig wiederholt werden.

Zu Kapitel 4: Mentale Kontrolle
Zu Fußnote Seite 118:
Auch im Bereich der Auflösung, Überwindung und Substitution belastender, behindernder und hemmender psychischer Muster hat sich die Anwendung der Prana-Psychotherapie als extrem hilfreich, effektiv und erfolgreich erwiesen. Mit Hilfe der feinstofflichen Methoden der Prana-Heilung wird es möglich, sich alter Muster zu entledigen und neue Muster zu verankern. Gedankenmuster sind wie Computerchips, die als Information die verinnerlichten Muster enthalten. Diese Informationsspeicher lassen sich nachhaltig und in relativ kurzer Zeit durch Anwendung der Prana-Methode in gewünschter Weise verändern.

Psychische Entwicklungen benötigen, um nachhaltig wirksam zu sein, selbstverständlich die nötige Einsicht und die Bereitschaft zur Änderung. Allein einsichtig zu sein und Ursachen, Entstehungsmechanismen und Ausprägungen bestimmter mentaler Muster und Emotionen zu erkennen, reicht allerdings oft noch nicht für eine Änderung. Der Erkenntnis folgt die Umsetzung im Denken und Verhalten leider nicht automatisch. Hier können fortgeschrittene Energie-Heilmethoden wie Prana-Heilung effektiv und schnell helfen.

Mehr Informationen zu Prana-Heilung, auch zu Seminar- und Kursangeboten, erhalten Sie unter www.prana-heilung.de

oder direkt bei
Prana Germany e.V.
Sollner Str. 71
81479 München
Mail: info@prana-heilung.de

Informationen zu Terminen mit Sai Cholleti finden Sie auch unter www.srisai.org

Für spezifisch medizinische Fragen in Verbindung mit den modernen Energieheilungs- und Energiemanagement-Methoden der Prana-Heilung sowie zu Kursangeboten wenden Sie sich bitte an:

Dr. Christa Wirkner-Thiel
Rodigallee 28
22043 Hamburg
Tel. 040 657 20 860
www.drwt.de

Sai Cholleti
Das Geschenk des inneren Friedens

3 geleitete Meditationen
mit Musik von Sayama, 50 Min.
€ 12,95
ISBN 978-3-936862-84-3

Diese Meditation führt Sie über eine tiefe Entspannung und
die Besinnung auf das Glück im Leben an einen Ort der
Stille und des Friedens, wo die Gedanken zur Ruhe kommen und Sie in Ihre Mitte finden. Durch die anschließende
Selbstheilungs-Meditation werden Ihre körperlichen und geistigen Kräfte regeneriert; entspannt und erfrischt können Sie
mit Ihrer Arbeit fortfahren. Bei regelmäßiger Übung schenkt
Ihnen die Meditation für inneren Frieden eine zunehmende,
heitere Gelassenheit, mehr Harmonie, Energie und Gesundheit auf allen Ebenen